本が会社を強くする

教科書経営

中沢康彦
日経ビジネス シニアエディター

はじめに

本はビジネスにさまざまなヒントを与える。

例えば、企業が課題に直面したとき、しっかりしたデータや調査に基づいて編み出された経営学の理論は進むべき方向をしっかり照らしてくれる。ビジネスパーソンによっては、名経営者の経験やその言葉が迷いを断ち切るためのヒントになることもある。本を読むことによって、自分の取り組んできた施策の意味を知ったり、進んでいる方向を確認したりすることもある。インターネットでさまざまな情報を簡単に入手できるようになっているものの、まとまった知識を得るにはやはり本が役立つ。これまでも、そしてこれからも本がビジネスに果たす役割は大きいはずだ。

本書はビジネスに役立つ本を「教科書」と位置づけ、教科書を生かしたマネジメントの在り方を、経営者、学者の取材を通して明らかにする。

「教科書？　実際のビジネスは本のようにいくはずがない」と思う人がいるかもしれない。確かに本の内容と自分の会社の状況が完全に一致することはなかなかないだろう。しかし、ビジネスの世界は共通するところが多く、学問の世界では研究成果が日々積み上がっている。また過去の経験が生きてくる場面も多数あり、ビジネスを少しでも前に進めたいならば、本に書いてある知見を生かさない手はない。何よりも本は1冊の価格が安く、しかも自分の都合のよい時間に読むことができる。これほどコストパフォーマンスのよい方法はなかなかない。

問題は本を実際のビジネスにどう使うか、だ。世の中に流通する本はビジネス関連だけでも膨大で、扱うジャンルも多岐にわたる。そのほかのジャンルも含めて役立つ本もあれば、そうでない本もある。このため書店に出かけたり、インターネット経由の検索などで自分に役立つ本を探そうとしたりしても、手掛かりがつかめないことがある。何とか本を見つけたとしても「何を学んだらいいのか」「読んだ内容をどう実際のビジネスに生かしたらいいのか」となると、いっそう分からなくなるケースも多いはずだ。

これに対し、本書は経営者が実際にどうやって本を選び、どんなふうに読み、そしてどう役立てているかを具体的に記している。ありそうでなかなかない切り口であり、その意味で画期的だと自負している。登場する経営者のキャリアや業種などは多様だが、「実際に経営に役立てたからこそ、分かること」を記している点で共通する。それだけに本からビジネスのヒントをつかみたいと考える人にとって「超実践派」のブックガイドとなるはずだ。また学問の最前線からの声も収録しているため、経営学などを学ぶ人にとっても、実際のビジネスとのつながりを考える点において役立つだろう。

私はビジネス誌や新聞の記者として取材をスタートしてから30年以上になる。経営学などの知見や伝説の経営者の発想などと実際のビジネスとの関係をずっと見つめてきた。幾多の取材経験からたどり着いたのが本書であり、登場する皆様はもちろん、これまでの取材にご協力いただいたすべての皆様にこの場で謝意をお伝えしたい。本書の内容は日経ビジネス本誌、日経ビジネス電子版などに掲載した記事がベースとなっている。内容の一部は掲載後に変わったケースもあるが、ご容赦いただきたい。

今後もこのテーマを深掘りし、その成果は日経ビジネス電子版の連載「会社を強くする『教科書経営』」などに掲載していく。機会があれば、ぜひそちらもお読みいただきたい。

2023年3月　日経ビジネス編集部　シニアエディター　中沢康彦

2章 教科書で会社を変える ―― 105

3章 教科書で会社づくり

4章 ずっと教科書とともに

教科書をどう探し、どう読み、どう生かすか

Interview

［インタビュー］
星野リゾート代表
星野佳路氏

星野リゾート代表 星野佳路氏

Profile

1960年長野県生まれ。慶応義塾大学経済学部卒業後、米コーネル大学ホテル経営大学院修士課程修了。91年に代表に就任。2014年度「ポーター賞」を受賞。（写真＝栗原克己）

「100％教科書通り」の経営が会社を強くする

星野リゾートの星野佳路代表は経営学の教科書を実際の経営にフル活用すると公言する経営者の1人だ。次々に打ち出してきたユニークな施策は「教科書通り」が少なくないという。経営学の教科書を実際の経営にどのように落とし込むべきなのか。まずは何十年も実践してきた星野氏の声に耳を傾けてみよう。

――経営学の教科書を実際の経営に生かしてきたと公言しています。

星野佳路氏（以下、星野氏）：星野リゾートの経営において、私は教科書に書いてあることを忠実に実行してきました。教科書を重視してきたのは、直面している問題を解決してくれる可能性があるからです。実証された理論が書かれた教科書を読み、そして、教科書通りに実行します。「教科書通り」の取り組みは星野リゾートにとって非常に重要な戦略になっています。

多くのビジネスパーソンは教科書を読んで理解しても知識として持っているだけであり、その内容を実行していないかもしれません。しかし、これだとエンターテインメントを読むのと同じであり、もったいないと思います。一方、星野リゾートにとって経営学の理論は教科書であり、私は理論をビジネスのマニュアルと考えてきました。教科書は今も私にとって大切であり、まったく変わりません。

――自社に合った教科書はどのように選んできたのでしょうか。

星野氏：私の場合、書店で探すことが多いです。インターネット経由でも購入しますが、自社の課題に沿っているかどうかを確認するのは、少し読んでみるのがいいし、それには書店で手に取ってみるのが合っています。少し読みながら、シンプルな理論であること、自社の課題に直接的に答えてくれるかどうかなどをポイントに選びます。

私が使うのは研究者が書いた学術的な論文や書籍であり、それらは企業の事例の積み上げから法則を導いています。その内容は例えば医学や化学と同じ科学の世界であり、正しさが証明されています。私は教科書を通して証明された法則を知り、それを経営に活用しているのです。科学的に証明されているからこそ価値があり、研究者が証明した成果の上にこそ、自社が求めている次のステップがあります。経営者の成功ストーリーは内容が面白くても1つの事例ですから、私には参考になりません。

ビジネスに頭を切り替えて留学したことが契機

——なぜ経営学の教科書を実際の経営に生かそうと考えたのでしょうか。

星野氏：大学時代の私は体育会でアイスホッケーに打ち込んでいました。卒業に当たって、「さて。今度はビジネスに頭を切り替えて親の旅館を継がなければ」となり、米コーネル大学の大学院に行ったことが教科書と出合うきっかけになりました。振り返ると、コーネルではとにかく教科書ばかり読んでいたし、そこから経営の世界に入ったのが大きいと思います。

米国で教科書を読むことによって私はまず「ビジネスは研究の対象だ」と知ることができました。コーネルの教授陣は精力的に企業の調査・研究を進め、そこから法則を見つけ出そうとしていました。こうした教授たちの下で教科書を読み、「こんなときにはこうする」「市場調査にはこんな定石がある」「ヒューマンリソースマネジメント＝人事はこういう研究が進んでいる」といったことをたくさん学びました。勘やセンスでなく、経営学はあくまでもロジックの世界。「これはなかなか頼れるな」と思うようになりました。この考えはずっと続いています。

私は経営職に就いた当初から自分が特別な資質を持っていると思っていませんし、自分の直感も信じていません。だからこそ、経営に科学を取り入れるべきだと考え、教科書を経営の根拠に置いています。自社の課題に合った教科書を選び、教科書に書かれている通りに経営してきました。

――教科書を生かすメリットは具体的にどんな点にあるでしょうか。

星野氏：例えば、企業の戦略は効果を発揮するには時間がかかるため、その過程ではどうしても迷いが出ます。経営を直感に頼っている場合、なかなか成果が上がらないと「戦略が良くないからではないか」と考え、別の戦略に変更したくなるのです。一方、教科書通りの経営の場合、教科書の正しさは証明されているのですから、結果がすぐに出ないからといっても迷うことがありません。うまくいかないときに「戦略を変えよう」と考えるのではなく、私は「なぜ結果が出ないのだろうか」という形で思考が働きます。ここから微調整に入ったり、教科書通りにできていない部分があるのではないかと考えて確認したりしていきます。その結果、失敗のリスクを減らすことができます。

直感に頼った経営は何をどうすればできるようになるのか分からないため、学ぶことができません。経営者のセンスに依存した経営はサステナブル（持続可能）ではないと思います。教科書を使えば、特別な努力をしなくても教科書通りに実践することで、誰もが経営できるようになります。その違いは大きいと思います。

――教科書はあくまでも教科書であって「実際の経営には通じない」「理論と実際の経営は違う」といった言い方も耳にします。

星野氏：強調したいのは、教科書は部分的に採用してもダメだということです。全体をトップが先頭に立って徹底するのが重要です。会社全体で取り組まずに「この部署だけで」などとやろうとしても、教科書はうまく使えないと思います。

このため、トップが全体方針として徹底できる環境がとても重要ですが、それがあるのが実はファミリービジネスだと思います。私が入社したときには軽井沢の温泉旅館1軒でしたが、少なくともそういうことができる環境にはありました。

――全体をやらなければ、と気付いたのはなぜだったのでしょうか。

星野氏：理論がそうなっているからです。例えば米国の経営学者、ケン・ブランチャード氏の理論に従ってフラットな組織を導入するとき、「一部だけでもうまくいく」とは教科書に書いてありません。あくまで「全体がフラットでないといけない」と書いてあるのです。そのために「ピラミッドをアップサイドダウン（逆さま）にしろ」「トップから始まらないとダメだ」と明確に言っているのです。

全体が大切であることについて、実は経験的にも理解できるところがあります。冒頭の話と関係しますが、私は小学生まではスピードスケートに取り組んでいました。そのときは個人競技で自分が走ればいいのだから、他の人を気にする必要がありませんでした。しかし、アイスホッケーに転じてからは、状況がまったく変わりました。チームスポーツであるアイスホッケーは自分だけがどんなに頑張っても勝てないからです。アイスホッケーはあくまでも全体がどう動くかどうかが大切。選手一人だけが動き方を変えても、全体にほとんど効果がありません。会社もチームであり、だからこそ全体が大切なのです。

――教科書を使うときに「なかなか全部はできないので、できるところから少しずつやろう」という声を時々耳にします。

星野氏：「できるところからやっていこう」は、それなりに効果があるかのように聞こえるかもしれません。しかし、実際には効果がありません。だから私がそうすることはありません。組織全体が動かないときには、できる部署だけでよさそうなことをやってもうまくいかないのです。

正しさが証明されているため迷わずに進める

――教科書について、「確かに正しいのだが、それを実際の経営に当てはめるのが

難しい」という声も耳にします。どう考えますか。

星野氏：実践の方法は教科書に書いてあります。これまでの経験から、教科書と実際の経営に違いはない、と実感しています。「当てはめられない」のはよく読んでいないか、教科書でない本を読んでいるかのどちらかです。「自社に当てはめられない」という場合、ほかに何を頼りにしているのでしょうか。教科書の使い方が分からないのに、なぜ実践で戦略を立てられるのかが私には分かりません。

競合が「教科書と現実は違う」と思っている場合、正しさが証明されている教科書通りに実践する経営は差異化につながるはずです。では、どの会社も教科書通りの経営をする場合はどうでしょうか。

その場合も「経営者の才覚が問われる」とは思いません。私は「才覚で経営ができるのだろうか」とずっと疑問に思っています。世界中に研究者がいて新しい理論がどんどん生まれています。企業が置かれているポジションなどもそれぞれ違いますから、あくまでも教科書通りに進めることによってミスを減らすことができます。

――組織が大きくなるほど、教科書に取り組むのが難しくなる面はありますか。

星野氏：実際、規模が大きくなると教科書の徹底は難しくなりますが、教科書ではこうした難しさがあることもきちんと記しています。そして大変だったとしても、徹底できればその分、効果が出るのです。

例えば『ブランド・ポートフォリオ戦略』は、星野リゾートが参考にしている米国の経営学者、デービッド・アーカー氏による教科書です。同書にはブランドづくりを進める場合、全体を束ねる「マスターブランド」戦略がいいのか、「個別ブランド」戦略で戦うのかについて、詳しく書いてあります。その内容を踏まえて、星野リゾートは少し前まで「マスターブランド」に集中的に経営資源を投下していました。個別の施設名をブランド名に統一するなどさまざまな変更がありましたが、この教科書によって大変なことを乗り越えてもブランドの統一に取り組むだけのメリットがあると証明されていたため、迷わず進むことができました。

――規模の拡大によって会社全体に対して教科書の手法を徹底することが難しくなってきた場合、どうしたらよいでしょうか。

星野氏：それでも私は一生懸命に伝えています。例えばブランディングについては毎年ブランドの認知率などを公表したり、社内ブログでブランド戦略について説明したりするなど、社員にできるだけ興味を持ってもらう努力をしています。ホテルや旅館の総支配人は新卒で入社した社員が増えており、星野リゾートで体感してきた価値観や組織の大事な文化を継承してくれるようになってきました。

――教科書が間違っていると感じたことはありますか。

星野氏：論文で証明されている以上、それはありませんし、自社に合わせた使い方をすることもありません。チューニングすべきだという理論があるのならばそうしますが、そんな理論はありません。だいたいチューニングしたところで、その方法が正しいかどうかが証明されていません。

経営改革の原点となった教科書

――一連の経営改革を考えたとき、原点となったのはどの教科書でしょうか。

星野氏：先ほど名前を挙げたケン・ブランチャード氏の『社員の力で最高のチームをつくる――〈新版〉1分間エンパワーメント』の存在が大きかったと思います。

この本が出る前から私はブランチャード氏の理論を理解していましたが、内容は同書が一番まとまっていると思います。社員が自分で考えて、自律的に動く。そんなモチベーションの高い状態を維持することが収益の改善に重要だという理論を経営者がまず信用するのが重要です。やはり理論を信用しなければ、取り組もうと思うことはないはずです。

星野リゾートの場合には1990年代までは社員のリクルーティングでとても苦労していました。なかなか入社してくれないし、せっかく入社してもその社員が辞めていったのです。そんな状態を変えるには私はこの方向しかない、自社にぴったり合うと思いました。スタッフ一人ひとりが楽しんで仕事をする。それが定着率を高め、新しいアイデアを生む――。人材が豊富でなかった当時の星野リゾートにとってこれは最も望んでいたことでした。

導入に当たっては、私がフラットな組織を「我々の文化にします」と宣言するところから始め、今では社内に言いたいことを言いたい人に言いたいときに言える組織文化ができています。

時々、誤解されますが、フラットな組織でフラットな議論が行われているからといって、私が「社員に意見を出してもらい、自分は思っていることを言わない」わけではありません。私もフラットな組織の1人。だからどんどん発言しますし、そう簡単に議論で負けるとは思っていません。私の意見に納得するのはあくまでも言っていることが正しいからであり、ポジションによるわけではありません。フラットな組織とはそういう状態です。

――このやり方でなければ、今のスピードで成長できなかったでしょうか？

星野氏：もちろんそうです。社員が考えるからこそ、どんどん施設の魅力を発掘してくれるし、それが収益につながっているのです。

――フラットな組織で議論する中で「そんなことを言っているなら、その分早くやってくれよ」と思うことはありませんでしたか？

星野氏：「やってくれよ」と思ったことはありません。正しいのがどれかという話はしますが、早くやってくれと言うことはありません。あくまで正しくやってもらうのです。

――フラットな組織の場合、定着には時間がかかるのではないでしょうか。

星野氏：けっこうすぐにできますよ。2018年4月から現在の施設名で運営するOMO7旭川（北海道旭川市）の場合、「街ナカ」ホテルとしては星野リゾートにとって最初の案件ですが、フラットな組織の定着は意外なくらい早く、効果は即座に出ています。

旭川は再生案件でもともとは典型的な地方のグランドホテルでした。宿泊、宴会、ブライダル、レストランという4つの事業がありますが、バラバラに戦ってシナジーが効かないままで、それぞれ少しずつ競合にシェアを奪われていました。そこで私は「スクラムを組み直そう」と社員に呼びかけることから始めました。課題について考えてもらい発表してもらううちに、社員の意見が出てくるようになりました。会社的にいえば、グランドホテルの再生は規模も大きいし難しいのですが、こうした案件が回ってくるようになったのは、自力がついてきたからだと思います。

――教科書を経営に活用し始めた頃と比べて経営環境は大きく変わりましたか。

星野氏：私が会社を継いだ1991年と比べたら、旅行市場ははるかに活性化しています。振り返ればバブル経済が崩壊し、不良債権処理が始まった頃は「リゾートホテルは全部不良債権」のように言われたことまでありましたから。しかし、

星野氏が参考にしてきた30冊の教科書①

書名	著者	出版社
競争の戦略	マイケル・ポーター	ダイヤモンド社
コトラー&ケラー&チェルネフ マーケティング・マネジメント	フィリップ・コトラーら	丸善出版
競争優位を実現する ファイブ・ウェイ・ポジショニング戦略	フレッド・クロフォードら	イースト・プレス
売れるもマーケ 当たるもマーケ ── マーケティング22の法則	アル・ライズら	東急エージェンシー出版部
ブランディング22の法則	アル・ライズら	東急エージェンシー出版部
ブランド・ポートフォリオ戦略	デービッド・アーカー	ダイヤモンド社
ブランド・エクイティ戦略	デービッド・アーカー	ダイヤモンド社
競争優位のブランド戦略	恩蔵直人	日本経済新聞出版
マーケティング戦略	恩蔵直人ら	有斐閣
戦略サファリ	ヘンリー・ミンツバーグら	東洋経済新報社
ストラテジック・マインド	大前研一	プレジデント社
いかに「サービス」を収益化するか	DIAMOND ハーバード・ビジネス・レビュー編集部	ダイヤモンド社
真実の瞬間	ヤン・カールソン	ダイヤモンド社
ONE to ONEマーケティング	ドン・ペパーズら	ダイヤモンド社

（注）『星野リゾートの教科書』（中沢著、日経BP）から。一部を現在の書名などに改めた

最近は正反対の状況であり、星野リゾートについても各施設の業績は間違いなく伸びています。20年からの新型コロナウイルス禍では旅行市場全体が一時的に冷え込みましたが、感染対策について理解が進むと、市場は元の活発な状況に戻り、世界の旅行市場の強さを感じる結果となりました。

──教科書がなかなか見つからないケースもありますか。

星野氏：インターネット時代にマーケティングがどう変わるのか、販売促進策がどう変わるかには強い関心があります。しかしこの分野は変化が激しく、何が定石になるかまだ混沌としており、なかなか教科書となる本がありません。

例えばSNS（交流サイト）について、「いいね」の数が利益にどう関係しているのか、どうして大事なのか、いくつまで集めればいいのか、分かっていません。教科書がない分、私は参考になる事例がないか探すことを意識し、どういうパターンでの成功があり得るのかを見ています。「面白い事例」はありますが、何が正しいかはまだ分かりません。いずれ「SNSマネジメント」が体系化するかもしれませんが、まだ成功パターンを模索する段階だと思っています。ホームページの在り方も同じです。マーケティングやマスターブランドと関係しており、エー

星野氏が参考にしてきた30冊の教科書②

ニューポジショニングの法則	ジャック・トラウト	東急エージェンシー出版部
経験価値マーケティング	バーンド・シュミット	ダイヤモンド社
サービス・リーダーシップとは何か	ベッツィ・サンダース	ダイヤモンド社
顧客ロイヤルティの時代	内田和成ら	同文舘出版
グロービスMBAマーケティング	グロービス経営大学院	ダイヤモンド社
ビジョナリー・カンパニー	ジム・コリンズら	日経BP
社員の力で最高のチームをつくる——〈新版〉1分間エンパワーメント	ケン・ブランチャードら	ダイヤモンド社
1分間顧客サービス	ケン・ブランチャードら	ダイヤモンド社
後世への最大遺物　デンマルク国の話	内村鑑三	岩波書店
代表的日本人	内村鑑三	岩波書店
やまぼうし	星野嘉助	私家版
エクセレント・カンパニー	トム・ピーターズら	英治出版
口語訳「古事記」完全版	三浦佑之訳・注釈	文藝春秋
Personnel	Robert.L.Mathis ら	West Publishing Company
イノベーターの条件	ピーター・ドラッカー	ダイヤモンド社
柔らかい心で生きる	矢代静一	海竜社

(注)『星野リゾートの教科書』(中沢著、日経BP)から。一部を現在の書名などに改めた

ジェントはネット上でつながってきています。しかし、全体としてはまだ混沌としていて、正しいやり方が見えていません。

オンライン予約を「行動経済学」に学ぶ

――最近はどんな本を教科書にしているのでしょうか。

星野氏：３冊挙げるとすれば、１つがダン・アリエリー氏の『予想どおりに不合理：行動経済学が明かす「あなたがそれを選ぶわけ」』です。消費者が「常識」だけで購買行動を選択しているわけではなく、「常識」と違う不合理な選択もしていることを証明しており、非常に興味深いと思います。

星野リゾートは最近オンライン予約の促進に力を入れ、「どういう表示をしたら、さらに予約してもらえるか」を考えています。いろいろやってみると、どうも顧客は合理的な判断をしないことがあるようだと思っていました。その背景にどんな心理があるのかを同書から学びたいと考え、社内のマーケティングチームと内容を共有しています。

アリエリー氏は同書で消費者の行動についてさまざまな実験をしています。インターネットの時代には星野リゾートの予約ページでもいろいろな実験ができますから、アリエリー氏の実験をどう活用できるかなどについても議論しています。行動経済学はここ5年ほどで教科書がどんどん生まれており、星野リゾートの経営にとっても重要な分野です。

インターネット関連では、シーナ・アイエンガー氏の『選択の科学』も少し前から教科書にしています。同書から学んでいるのは「どうしたら選んでもらいやすくなるか」についてです。選択のバラエティーは消費者にとってよいと思われてきたのですが、そうではないのです。例えば「全施設から行きたいところを選んでください」と伝えても混乱します。それならばむしろ、「あなたに合っているのはこの施設とこの施設です」と伝えたほうが消費者は選びやすいのです。

この考えを生かしたのが、星野リゾートの予約ページにある「ぴったりホテル診断」です。旅行の計画は一昔前まで「どこに行くのか」という場所から始まりました、しかし、最近特に若い世代は「誰と行くか」「どんな旅をしたいか」がまずあり、「それはどこなのか」を考えることが増えています。

これに対応するため、ぴったりホテル診断ではＡＩ（人工知能）を活用。顧客が5つの質問に答えると、星野リゾートの多数の施設から自分に合った施設を6つまで絞り込んで提案します。ＩＴ（情報技術）によって旅行業界は大きく変わり、集客の主戦場はオンライン上に移っています。重要な分野であり、それに合った教科書を探しています。

ブランドの在り方を見直す

3冊目がブランディングについてです。最近はデビッド・テイラー氏の『ブランド・ストレッチ』を教科書にしています。運営する施設数が増えてきた中、星野リゾートでは培ってきたブランドを傷つけることなくそれを拡張することがテーマになっています。先ほど少しだけ触れましたが、ブランド戦略についてもう少し詳しく説明すると、星野リゾートでは2010年から20年ごろまで、ほとんどのホテル・旅館の名称に社名の「星野リゾート」を付けるマスターブランド戦略を実践し、成果を上げてきました。星野リゾートの社名を入れることで「ホテルの顔」をつくり、ブランド価値を上げていたのです。その結果、マスターブランドである星野リゾートの認知度は11年に30％ほどだったのが、20年には約90％となっています。

マスターブランドの下には5つのサブブランドがあり、それぞれ異なったサービスや体験を提供してきました。独創的なテーマで圧倒的な非日常を提供する「星のや」、「界」は伝統的な日本の温泉旅館、「リゾナーレ」は自然を体験するリゾート、「OMO《おも》」は都市を楽しむためのホテルです。OMOでは宿泊者とホテル周辺の地元とのつながりを重視し、地域ごとのおもてなしが特徴です。「BEB《べぶ》」は若年層向けのブランドです。

マスターブランド戦略を採用したのはまだ企業規模が小さく、マーケティング資源をサブブランドに投入することができなかったからです。マスターブランド戦略によって順調に施設数が増えたのですが、成長するにつれて新たな問題が浮上してきました。それはサブブランドによって提供するサービスや経験が違うにもかかわらず、顧客にとって星野リゾートという「同じ商品」に見えることです。サブブランドの中でも、OMOやBEBはほかのサブブランドとターゲットやサービスに大きな違いがあります。また、コロナ禍では、シティーホテルのオーナーや開発者から「星野リゾートに運営を引き継いでほしい」という依頼が増えました。このため、ＯＭＯブランドのホテルが増加しています。ただ、引き継いだ施設にはそれぞれの特徴がありますから、マスターブランドと「距離を置く」ことがいっそう必要になっています。このため星野リゾートは同書の理論を生かし、マスターブランド戦略からサブブランド戦略に移行する動きを進めています。具体的には施設名から社名を外し、温泉旅館の「界」などサブブランドを中心にしたブランド戦略に切り替えています。

強いブランドがある場合、企業、とくにマーケターはそのブランドをいろいろな形で使いたい、ブランドを拡張したいと考えますが、星野リゾートでは同書を読みながら、マスターブランドのエクイティ（資産）をどれくらい拡張ができるのかを考えています。表現を変えるならば、サブブランドを押し出すことによって、マスターブランドに影響を与えないようにすることを考えています。

――教科書は事業の成長に合わせて変わってくるのでしょうか。

星野氏：例えばブランディングについては、これまでブランド価値を高めるために参考にしてきたデービッド・アーカー氏の『ブランド・エクイティ戦略』や先ほど挙げたアーカー氏の『ブランド・ポートフォリオ戦略』といった教科書があります。ブランドづくりについては、ブランドを12種類のキャラクターで語る『ブランド・アーキタイプ戦略』をまだ翻訳が出版される前に、英語で読んでいました。同書はブランドごとの個性を考える上で参考になりました。ここに『ブランド・ストレッチ』が教科書として加わったからといって、それまでの教科書に意味がなくなったわけではありません。いずれも教科書であることに変わりがなく、戦略として一貫しています。

行動経済学のような新しい分野が出てきたからといって、ブランドに対する考え方を変えることはないし、それまでの教科書と逆の方向に向かうこともありません。むしろ、行動経済学はこれまでの戦略に新しいニュアンスを加えるものだと捉えています。

インタビューに関連した本

『ブランド・ポートフォリオ戦略』

デービッド・アーカー著

ダイヤモンド社

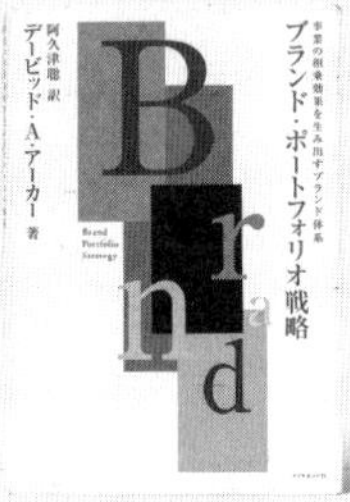

同著者による「ブランド・エクイティ戦略」とともに星野リゾートのブランド戦略のベースとなっている

『社員の力で最高のチームをつくる――〈新版〉1分間エンパワーメント』

ケン・ブランチャード、ジョン・カルロス、アラン・ランドルフ著

ダイヤモンド社

エンパワーメントの方法をストーリーで示す。星野氏の経営改革の原点となった1冊

『ブランド・アーキタイプ戦略』

マーガレット・マーク、キャロル・ピアソン著

実務教育出版

心理学者カール・ユング氏の理論などを活用したブランド戦略。星野氏は翻訳前の「THE HERO AND THE OUTLAW」で読んだ

『予想どおりに不合理』

ダン・アリエリー著
早川書房

行動経済学研究の第一人者が
人間の不合理な決断について
実験の事例に基づいて解説する

『選択の科学』

シーナ・アイエンガー著
文藝春秋

選択というツールを効果的に使う方法など、
20年以上の実験と研究によって
選択の力を証明

『ブランド・ストレッチ』

デビッド・テイラー著
英治出版

ブランドを拡張するときに
配慮すべき視点を整理。
6つのステップに分けて解説する

社員向けには経営書のほか、実務書も推薦する

星野リゾートが社員に薦める本（全51冊から抜すい）

まずはここから!

ジャンル	お薦め順位	書名	著者	出版社
	1	LIFE SHIFT（ライフ・シフト）	リンダ・グラットンら	東洋経済新報社
	2	世界一やさしい問題解決の授業	渡辺健介	ダイヤモンド社
	3	話すスキルUP すぐできる! 論理的な話し方 話の組み立て方が上手になる PREP法の使い方	大嶋友秀	日本能率協会マネジメントセンター
	4	イシューからはじめよ	安宅和人	英治出版
	5	社員の力で最高のチームをつくる――〈新版〉1分間エンパワーメント	ケン・ブランチャードら	ダイヤモンド社
	6	学びを結果に変えるアウトプット大全	樺沢紫苑	サンクチュアリ出版
	7	〔カラー改訂版〕頭がよくなる「図解思考」の技術	永田豊志	KADOKAWA／中経出版
	8	星野リゾートの教科書	中沢康彦	日経BP

数字はジャンルごとの社員へのお薦めの順番

具体的なスキルや事例を知りたい

1	1分間リーダーシップ	ケン・ブランチャードら	ダイヤモンド社
1	ブランド・エクイティ戦略	デービッド・アーカー	ダイヤモンド社
2	真実の瞬間	ヤン・カールソン	ダイヤモンド社
2	ブランディング22の法則	アル・ライズら	東急エージェンシー出版部
3	1分間顧客サービス	ケン・ブランチャードら	ダイヤモンド社
3	ブランド・ポートフォリオ戦略	デービッド・アーカー	ダイヤモンド社
4	外資系コンサルの資料作成術	森 秀明	ダイヤモンド社
4	ブランド・ストレッチ	デビッド・テイラー	英治出版
5	新版 問題解決プロフェッショナル 思考と技術	齋藤嘉則	ダイヤモンド社
6	問題発見プロフェッショナル 「構想力と分析力」	齋藤嘉則	ダイヤモンド社
7	問題解決ファシリテーター	堀 公俊	東洋経済新報社

（出所）星野リゾートが作成するリストから抜すい。

さらに理解を深めたい

	書名	著者	出版社
1	ビジョナリー・カンパニー	ジム・コリンズら	日経BP
2	ストーリーとしての競争戦略	楠木 建	東洋経済新報社
3	マイケル・ポーターの競争戦略〔エッセンシャル版〕	ジョアン・マグレッタ	早川書房
4	ティール組織	フレデリック・ラルー	英治出版
5	学習する組織	ピーター・センゲ	英治出版
6	星野リゾートの事件簿	中沢康彦	日経BP

星野リゾートについて理解を深めたい

	書名	著者	出版社
1	トップも知らない星野リゾート 「フラットな組織文化」で社員が勝手に動き出す	前田はるみ	PHP研究所
2	辛口評論家、星野リゾートに泊まってみた	瀧澤信秋	光文社
3	星野リゾートのおもてなしデザイン	日経デザイン（編）	日経BP
4	日本旅館進化論 星野リゾートと挑戦者たち	山口由美	光文社

1章

教科書が成長の礎

ワークマン専務

土屋哲雄氏

経営学の教科書を読みながら、経営の正当性を確認する

作業服大手のワークマンの改革を推進してきた専務の土屋哲雄氏は、経営学の教科書を熱心に読む1人だ。自社の課題に合わせて本を選ぶ土屋氏は「教科書で経営の正当性を確認すると、自信が生まれる。その意義は大きい」と話す。

Profile

写真＝栗原克己

1952年生まれ。東京大学経済学部卒業後、三井物産などを経て、2012年にワークマン入社。19年から現職を務める。同社は19年度「ポーター賞」を受賞。東北大学客員教授を兼務

土屋氏はプロ顧客をターゲットとする作業服専門店に「データ経営」を導入しながら時間をかけて社内を変革。アウトドアやスポーツ向け衣料品を豊富に扱う「ワークマンプラス」や女性向け機能性衣料品を中心に扱う「#ワークマン女子」も立ち上げ業績を伸ばす。

さまざまな経営書を読み、経営の参考にしている土屋氏。読むのは月に3、4冊で年30～40冊ほど。メディアの書評を読んだりインターネット上のカスタマーレビューを参考にしたりしながら、自社の課題に合わせて読む本を選ぶ。ベストセラーなどの本よりも、「ファンダメンタルなことが書いてある本」を読むことが多い。「フレームワークよりも理論のほうに関心があり、特に大規模なデータによって証明された理論に興味がある」。また、海外の本を英語で読むこともあるが「事例が多過ぎる」ため、中心は国内の本だ。本の購入はインターネット経由もあるが、書店で本を手に取って眺めながら選ぶことが多い。建て替え工事が始まる前、本を探すために東京・神保町の三省堂書店神保町本店に頻繁に足を運んでいた。

「朝型」だという土屋氏は、毎日午前3時に起床する。起きてからの1時間ほどが読書の時間だ。朝に本を読む理由について、土屋氏は「一番頭がさえているし、何かに妨害されることがない」と説明する。

読書は土屋氏にとって「考える時間」のため、寝転がって読むことはない。机の前に背筋を伸ばした姿勢で座り、絶えず自分の仕事に引き付けながら読む。オフィスに直接向かう日は午前6時に出社するが、特に興味深い本に出合ったときは、出社まで2、3時間を読書に充てることもある。

あらかじめじっくり選ぶため通読がほとんどだが、合わない場合には途中で読むのをやめる。

土屋氏は読んでいて興味深い記述を見つけたとき、記載のあるページの端を折り曲げすぐに分かるようにしている。理由は「道具が要らないし、1回の動作で

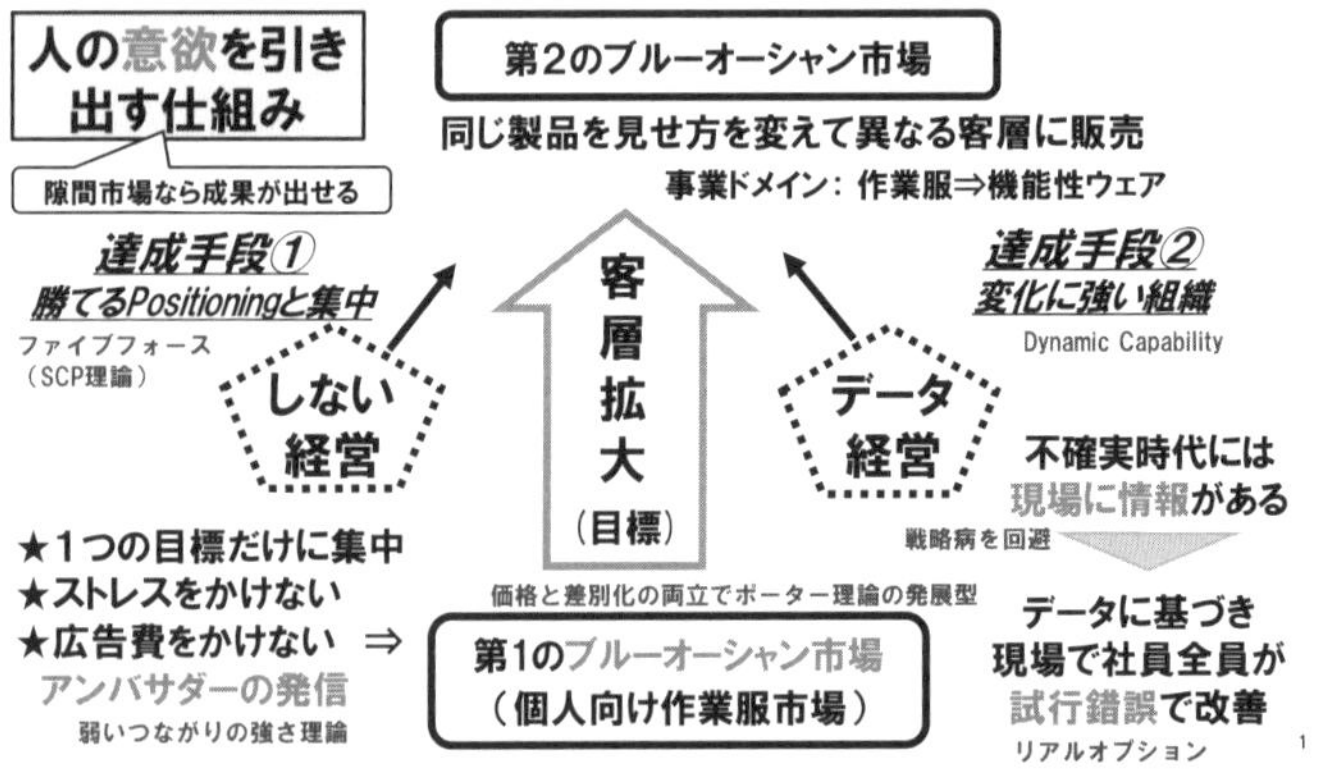

土屋氏の作成したパワーポイントの資料の一部。教科書を読み、会社の取り組みとの関係をまとめている。内容は随時、更新する

できるから」。付箋やマーカーは使わない。折り曲げるページが多い本が年5、6冊あり、その場合にはまとめのメモも作る。

メモはあくまでも自分用のため、自社の課題などに合った内容で、完成すると自分のパソコンの「書籍まとめ」フォルダーに入れて整理している。メモは「後から使う」ことを意識しており、実際読み返すときは本自体でなくメモを読む。複数の本のメモから会社の取り組みとの関係をパワーポイントでまとめたシートも作り、気付いたことがあるたびに更新する。

読み終わった本は基本的に手元に置かない。このため、本棚に置く本は1列分の20冊ほどと少ない。いいと思った本は、内容に応じて社内の関係ありそうな幹部らに渡す。折ったページがそのままのため、受け取った幹部はポイントになるページがすぐに分かる。渡した後、「読んで面白かったか」を聞くことはあるが、内容についてのフィードバックやディスカッションはしない。「受け止め方はそれぞれ違うので、口に出さないほうがいい」。

どうしても読み返したい場合には買い直すことがある。つてをたどって参考になった本の著者と実際に会うこともある。セミナーに出席し、名刺交換が契機になったケースもある。「機会を見て、押しかけの形で弟子入りしている」。

「裏付けができると自信になる」

土屋氏が読書に力を入れる理由は、経営で自らの打った手を理論的に裏付ける点にある。課題を前にしたとき、土屋氏は仮説を立てながら解決に向けてトライ・アンド・エラーを繰り返す。試行錯誤しながら「まずやってみる」ため、その手でいいのかどうか、自信が持てないこともある。「凡人経営」を自任する土屋氏は「方針とか戦略とか改革と言わずに少しずつやっているから、絶えず迷っている。だから理論的に整理した場合、どうなるのかを知り、正当性を見つけたい。経営学はエビデンスがあり体系として証明されているため、本を通じて理論と一致していると分かると裏付けができて気持ちが和らぐし、自信になる」と説明する。「先に経営理論があり、それを実践に移す感覚はない」という。

打った手が有効ならば、結果的に売上高や利益などの数字につながるはずだが、土屋氏によると、数字は一過性の面があり、数字が上がってもそれが例えば10年先まで続くのか分からない。また、ワークマンでは日常的な会社運営は社長の仕事で、土屋氏の役割は会社の将来を見ること。「100年後の競争優位には数字の細かな上がり下がりではなく、経営学の理論体系に合致しているほうが大切」と強調する。

　土屋氏は東京大学経済学部の出身だが、若い頃は経営学にあまり興味はなかった。むしろ「点数さえ取って、卒業できればいい」と思っていた。新卒で三井物産に入社すると次第に経営についての本を読むようになった。経営学が実際の経営に役立つ感覚はこの頃から持っていたが、当時は今よりもずっと多い年100〜150冊ほどの本を読んでいた。

「この頃の読書は探索型だったため、コンサルタントが書いた本も多かった。早く読んで早く理解し、行動に移していた」と土屋氏は振り返る。子会社でコンサル事業を立ち上げるときには書店に行き、関連する本を棚ごと何十冊も買ったこともある。学んだ知識も生かしながら「売上高100億円」の事業をいくつも立ち上げたものの、「事業を立ち上げるのは好きだが、安定期に入ると熱が冷めてしまう」こともあり、それ以上の事業はできなかった。

　そんなときにワークマンの創業者である叔父から誘われ、CIO（最高情報責任者）としてワークマンに入社。入社すると叔父からは「人材育成以外、何もしなくていい」と言われた。驚いたが、最初の2年ほどはこの言葉を守り、社内の「観察」に徹すると同時に、時間がある分さまざまな本を読んだ。こうした取り組みがワークマンにとって成長の原動力になった。

　時間をかけた観察でまず、気付いたのはワークマンが「しない会社」であること。例えば、作業服市場は法人向けのほうが大きいがその分競争相手が多いため、個人客向けに絞り法人向け市場には入らないなど、さまざまな点で「しない」を徹底することが強みになっていた。土屋氏はこれをさらに徹底すべきだと考えた。一方、将来的には不安な面もあった。ワークマンは個人向けの作業服市場の半分ほどを持ち約40年間優位に立っていたが、店舗数増加ペースを

「会社の将来を見る」のが土屋氏の役割だ（写真＝栗原克己）

考えると数年で成長の限界にぶつかることが見えていた。

「会社の将来を見る」役割の土屋氏は2年間の観察や読書を経て、100年先の競争優位を見据えて、顧客層の拡大とデータ経営に取り組むことを決めた。それまでのワークマンの経営はトップダウンであり、現場は勘や経験に頼るところが大きかった。土屋氏は新事業に踏み出すためにも「上司にそんたくしない経営」が必要だと考えた。社風改革が必要だったが、「しない経営」では社員にストレスのかかることをすべきではない。土屋氏はじっくり時間をかけて取り組み、社員全員がデータを活用し、経営に参画できる仕組みをつくった。こうした基盤をつくった上で、作業員向けの「ワークマン」のほかにアウトドアやスポーツ向け衣料品を豊富に扱いレジャー客や家族客を取り込む「ワークマンプラス」や機能性アウトドア衣料品を中心に扱う「#ワークマン女子」を立ち上げ、顧客層を拡大した。

ワークマンに入った土屋氏は商社時代に比べてより多くの経営学の本を読むようになった。ワークマンでは経営陣の1人として深く経営に取り組む必要があり、「その分、深いことを知りたいから、経営学の本が一番いいと思った。その意味で経営学は50代、60代の世界だと思う。経営学は実際の経営に役立つと断言できる」と話す。経営学の本を通じて「自分の判断について、理論的なバックボーンがある」と知ったことが一連の取り組みの後押しになっている。

『世界標準の経営理論』を熟読

土屋氏の愛読書の1つが、早稲田大学大学院の入山章栄教授の著書『世界標準の経営理論』だ。同書は複雑なビジネス・経営・組織のメカニズムを解き明かす経営学の世界において、「ビジネスの真理に肉薄している可能性が高い」として生き残ってきた「標準理論」とでも言うべき内容を約30に分けて解説している。

同書によると経営学は経済学、心理学、社会学という3つの分野の根本原理を応用して使っている。土屋氏は「経済学はある程度知っていたが、社会学や心理学など、今まで考えてもみなかった理論が多数あり、刺激を受けている」と話す。832ページもある大著だが、土屋氏は同書が2019年末に発売されると、10日ほどの正月休みの期間中、ほとんど外出することなく、一気に読み切った。土屋氏は「1章ごとに役に立ちそうな自分の仕事を考えながら読んだ」と振り返る。各章の内容は2行ほどずつメモにまとめており、経営に関する興味深い話を聞いたときなどには、「経営学に当てはめると、どの理論の話なのか」を自分のメモを見ながら確認する。将来の同社を担う人材にも読むことを勧めているが「当社は『しない経営』であり、無理にすぐに読む必要はない。1カ月1章ずつ2、3年かけて読めばいい」と話す。

同書を読んで知った理論によって自らの進む道の正しさを何度も確認している。その1つが「アンバサダー」の取り組みだ。ワークマンは同社製品のユニークな使い方を自発的に紹介するユーチューバーやインスタグラマーらを「アンバサダー」として組織。製品開発にも参加してもらうなどしながら、商品力を高めてきた。ワークマンはアンバサダーに報酬を支払わない。PRではないため、時には「ワークマンで買うべきでない5つの製品」などの辛口の投稿があり、自由に評価してもらうことで信頼性を高める。アンバサダーはワークマンについての情報を一足早く発信して再生回数を増やし、収入につなげる。

同書によると、経営学の「弱いつながり強さ」理論は、人脈、SNS、アライアンスなどに「弱いつながり」と「強いつながり」があり、情報の広がりにおいては「弱いつながり」が強い力を発揮することを明らかにしている。現代のソーシャルネットワーク研究で大きな影響力を持つ理論であり、同書を通じて知った土屋氏は「アンバサダーと金銭関係がない弱い関係だからこそ、情報の発信力が強い。金銭関係があったらPRになり皆スキップするから、弱いほうがいい。当社のアンバサダーマーケティングの本質は、ここにあったのだと気付いた。私が勝手に言っているのでなく、理論通りだと分かり、自信になった」と話す。ここから例えば、アンバサダーの人数を増やしたり、AI（人工知能）による自然言語処理で条件を絞ってアンバサダーを探したりするなど、一段進んだ取り組みも考えるようになった。「商社時代、内輪のお酒の席にもよく顔を出していたが、ある時期から同じことばかり話していて、無駄ではないか。社外の人たちと飲んだほうがいいと思い、出なくなった。思えば、弱いつながりの大切さに自分で気付いていたのかもしれない」と笑う。

流行に振り回されない

『経営改革大全』も、愛読書の1つだ。同書は「企業は株主のもの」「働き方改革」といった流行の経営モデルに飛びつくのではなく、日本企業の強みを生かし再成長する重要性を指摘する。著者の名和高司氏は外資系コンサルティング会社などを経て一橋大学ビジネ

49　ワークマン専務・土屋哲雄氏

バブル崩壊とともに、日本的経営が行き詰ってから早 30 年。その間、日本企業の多くは、経営の OS を世界標準に切り替えようと努力してきました。しかし、「グローバル・スタンダード」ということば自体、欧米に対して卑屈になりがちな日本人の和製英語にすぎません。日本企業に必要なのは、借り物のモデルに振り回されず、まずは自社の存在理由をしっかり見極めなおすことです。

⇒ ノイズを遮断して、経営の軸「しない経営」を貫き通す
業界全体の同調的な経営を「しない」で、一点突破や差別化経営（勝てる市場選択が経営者の唯一の役割）
業績目標よりも「共感」目標が必要　「機能と価格に、新基準」の社是に社員が共感して、円安でも値上げをしない
M&A や幹部の中途採用/を「しない」 ー 時間をかけて社員をじっくり教育した結果のオーガニック成長で良い

外資系コンサルは、アメリカ流の経営理論やベストプラクティスを持ち込むというスタイルに走りがちです。また、ビジネススクールのケースやフレームワークも、アメリカのものが大半です。しかし、それを器用に学ぶだけでは、日本企業独自の優位性は築けません。

⇒ 戦略やITはマネできて差別化要因ではないが、実行力と無形資産は競争力の源泉になる
私は戦略/トップダウン/改革が嫌い、経営課題/現場/改善で何が悪い？
トップダウン経営（天才型経営者なら可）志向が強いが、多くは単なる「マイクロマネジメント」になっている
私は凡人だと思っている凡人経営者（50%は間違う）なので、凡人と思っていない凡人経営者より少しマシ

ガバナンス、働き方改革、顧客指向など、最近の上滑りな経営論を取り上げます。いずれも、株主、従業員、顧客などに、「おもねる」経営にすぎません。これらの誤謬を指摘するとともに、正しい方向性を提示します。

⇒ 株主は劣後的な資金調達先の一つに過ぎない、特に短期保有の株主に振り回されてはいけない
社会＞顧客＞加盟店＞供給先＞社員＞株主　の順で重視している
⇒ 当社の目標は完全オーガニックな長期成長で、価値の源泉である無形資産作りが経営者の役割

その他、素晴らしいと感じた点

通説	真説	
企業は株主のもの	企業は社会の公器	株主による短期利益主義の回避
短期志向	長期志向	当社はニッチ市場で 100 年の競争優位
働き方改革	働き甲斐改革	ノルマと期限がなく、社員は自分で考えて走る
Work Life Balance	Work in Life	完全権限移譲型の「やりがい」経営をめざす

『経営改革大全 企業を壊す100の誤解』を読んで土屋氏が作ったメモの一部。あくまでも自社にどう生かすかという視点から作っている

スクール客員教授を務める。土屋氏は「コンサルタントやMBA（経営学修士）出身者が流布している俗論への反論集で、私の考えに非常に近い。自分の考えが孤立していないことを知り、安心感に浸れる」と話す。例えば「グローバルスタンダード」といった言葉に振り回されてはならないという趣旨の記述から、土屋氏は「ノイズを遮断して、当社は経営の軸である『しない経営』を貫き通すべきだ」と改めて確認した。

一橋大学ビジネススクール教授の楠木建氏の著書もよく読んでいる。ワークマンはニュースリリースを作るときに「作業服の見せ方をスタイリッシュな形に変えたら、一般客やアウトドア客に売れた」などストーリー性＝「なぜそうなったか」を重視してきた。楠木氏は『ストーリーとしての競争戦略』において、人前で話したくなる「しびれる」経営戦略の重要性を指摘しており、土屋氏は自らのメモに「拡散しにくい無味乾燥な公式発表でなく、開発者の思いや裏話を正直に公開する」大切さを記している。また『逆・タイムマシン経営論』は楠木氏と社史研究家の杉浦泰氏が著者となっている。同書は近過去の歴史に学ぶ経営知について記しており、例えば「これからはこれだ！」という言説を「飛び道具トラップ」と位置づけ、陥りやすい「わな」の1つとして挙げる。土屋氏はこの考え方が「外部人材、M&A（合併・買収）などに頼らない自社の在り方と重なる」と気付き、進む道の正しさに自信を深めた。

経営学以外の本も読む

さまざまな最新動向を知るためには経営学以外の本にも目を通している。小杉俊哉氏の『起業家のように企業で働く　令和版』は「起業家」マインドを持って企業で働く意義を説き、そのための方法を記している。土屋氏は「働き方についてのポジティブなアプローチであり、共感や善意を大切にする当社にとって参考になる」と話す。

SNSマーケティングのような新しい分野についても目配りする。天野彬氏の『新世代のビジネスはスマホの中から生まれる』はそんな1冊。若者の中には「(動画共有アプリの)ティックトックをいつも見ている」という人もいるため、この層にアプローチするには手探りしながら取り組む必要がある。「すべての主張に賛同するわけではないが、マーケティングにおける動画の重要性を指摘しており、興味深い」と土屋氏は話す。

土屋氏の「教科書」

『世界標準の経営理論』

入山章栄著

ダイヤモンド社

経営学者が発展させてきた
「経営理論」のうち、「標準」といえるものを
約30選び体系的に基本原理から
分かりやすく紹介する

『経営改革大全』

名和高司著

日本経済新聞出版

流行の経営モデルに飛びつくのではなく、
日本企業の強みを生かし
再成長する重要性を指摘する

『ストーリーとしての競争戦略』

楠木 建著

東洋経済新報社

事例に基づき「ストーリー」という視点から
競争優位をもたらす論理を解明する

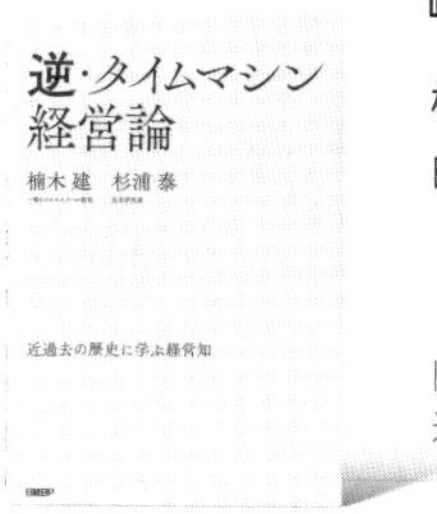

『逆・タイムマシン経営論』

楠木 建、杉浦 泰著

日経BP

同時代性のわなを回避し、
近過去の歴史に学ぶ経営知について記す

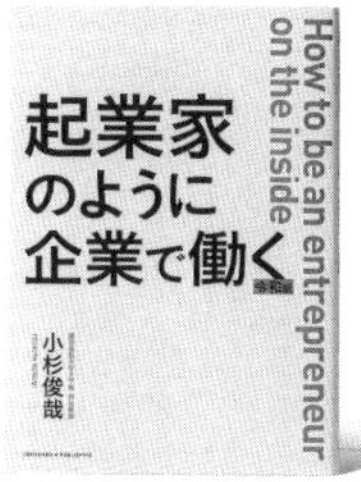

『起業家のように企業で働く 令和版』

小杉俊哉著

クロスメディア・パブリッシング

「起業家」マインドを持って企業で
働く意義を説き、そのための方法を記す

『新世代のビジネスは スマホの中から生まれる』

天野 彬著

世界文化社

「ショートムービー時代の
SNSマーケティング」について解説する

エレコム会長
葉田順治氏

1000億円企業に成長させた「経営学オタク」

パソコン周辺機器大手エレコムの葉田順治会長は「経営学オタク」を自任し、教科書の知識を実践につなげてきた。かつては直感による〝有視界飛行〟だったが、理論を取り入れた〝計器飛行〟に切り替え、事業を成長に導いた。

Profile

1953年生まれ。甲南大学経営学部卒業。86年に大阪市でエレコムを設立し、社長に就任。21年から会長を務めている。同社は19年度「ポーター賞」を受賞

写真＝栗原克己

パソコン周辺機器大手のエレコムは約2万アイテムを取り扱い、毎年約5000アイテムを新たに市場に投入している。この分野はアイテム数が多い一方、パソコンやスマホのアクセサリーなどは陳腐化が激しい。エレコムを支えるのが創業以来磨き続けてきた精緻なサプライチェーンだ。量販店の声に耳を傾けながらここにしっかり取り組み、販路を広げてきた。

工場を持たないファブレスで事業を展開しており、ほとんどの製品の生産を中国や台湾を中心とした海外の工場に委託している。製品ごとの収益管理を徹底しており、権限委譲されたカテゴリーごとのチームが効率的な事業運営を進める。一連の取り組みによって、エレコムはパソコン周辺機器のさまざまなカテゴリーでシェア1位の製品を持つ。売上高は1073億円（2022年3月期）に達している。

エレコムはさまざまな場面で経営学の教科書を生かし、それが強みにつながっている。

行き過ぎた多角化

もともとパソコンラックから事業をスタート。パソコン用のケーブルやマウス、キーボードなどで事業の基盤を固めた。売上高は順調に伸びているように見えた。しかし、「内実は直感経営の勢いだけで進んでいた。自分の見えるところだけを見る〝有視界飛行〟の経営だった」と葉田順治会長は話す。

さらに売上高を伸ばそうとメモリーやハードディスクなどの周辺機器にも進出。販売する製品の単価が上がったことやパソコン業界の成長などによって、売上高は230億円まで拡大した。好業績にどこか気が緩んだ葉田氏は「直感経営ですべてがうまくいくと思い込み、大阪の北新地で毎晩飲み歩いていた」という。

好事魔多し。行き過ぎた多角化に半導体メモリー価格の下落も重なり、1996年3月期決算で7億円の赤字に転落。在庫もしっかりコントロールできていなかったなどから倒産寸前だった。キャッシュフローは回っていたため銀行からの融資で急場はしのいだものの、葉田氏は会社の在り方を根本から見直さなければならないと感じた。

このときに葉田氏が経営改革の柱に据えたのが米国の経営学者、マイケル・ポーター氏の書いた『競争の戦略』だった。

同書は競争戦略を策定するためのフレームワークや3つの基本戦略などを扱っており、競争戦略の古典として知られている。3つの基本戦略とは、コスト競争で優位に立つ「コストのリーダーシップ」、競争相手との違いを前面に打ち出す「差別化」、特定の領域に自社の経営資源を集めて競合に勝つ「集中」だ。ライバルとの競争環境を踏まえながら戦略を組み立て、徹底する意義を強調する。

「選択と集中」で立て直す

葉田氏は当時、先輩経営者から「経営学を知っていると役立つ。教科書を読んだほうがいい」とアドバイスを受け、ピーター・ドラッカー氏らの経営学の教科書を読み、理論を知る強みを知り始めていた。この頃知った「マネジメントとは成果を上げるものである」というドラッカー氏の言葉は葉田氏にとって今も頭から離れない。

赤字を前に「これまでのやり方ではいけない」と思った葉田氏は、このとき「選択と集中」が必要だと考え、そのためにポーター氏の競争戦略に活路を見いだそうと考えた。「書いてあることを隅から隅までその通りに実践しよう」と決意して、ポーター氏の教科書に沿って自社をじっくり見つめ直すことから始めた。

事業の「選択と集中」を進めるために多数の取扱品目を1つずつ丁寧に分析。さまざまな分野の製品を扱うようになっていたが、強みがあるのはケーブルなどパソコン周辺のこまごまとした製品であることが分かってきた。ここから葉田氏は「ハードウエアをいかに使いやすくするかをコアコンピテンシーにすべきだ」と気付いた。

一方、半導体メモリー価格の下落の影響を受けたメモリーやハードディスクなどの周辺機器は重荷になっていた。詳しくみると「ケーブルなどが主力で取引先から『ひも屋』と呼ばれた頃、パソコンに近い分野への『憧れ』から周辺機器に進出したが、在庫管理も何もできていなかった」(葉田氏）状況だった。

財務内容をセグメント別に見たとき周辺機器部門は赤字を抱えており、しかもコアな強みを持つ同社の他の製品からも外れた位置にあった。ポーター氏の理論に従うならば、大きな改革が必要だった。

ただ、当時のエレコムにおいて周辺機器部門は急成長によって売上高の5割以上を占めるようになっていた。もし、撤退すれば、売上高の柱を失うことになるのは間違いなかった。本当にそれで会社を維持できるのか——。そんな思いが頭をよぎった。大きな分かれ目だったが、葉田氏はこのとき「ポーター氏の理論を忠実に実践するため」に、周辺機器から撤退するという大きな決断に踏み切った。そして事業を強みのある部門に集中させた。

「理論を知らなければ、この改革は絶対に実現できなかった。直感経営を放棄したわけではないが、このときは理論の下支えがあるから確信を持って進むことができた」(葉田氏)と振り返る。

貪欲に経営学を取り込む

選択と集中の効果は大きかった。業界の構造を見極めながら事業領域として競合に対して強みのあるところを選択。その上でここに経営資源を集中させることによって、収益性は大きく改善した。キャッシュフローに気を配りながら事業を回していき、エレコムは1年で黒字に回帰した。

葉田氏はここからさらに貪欲にいろいろな経営理論を実践に移す。フィリップ・コトラー氏の理論を参考にしながら製品ごとに市場でのポジションに合わせて戦略を練ったほか、クレイトン・クリステンセン氏の理論も生かし、新規参入者などにシェアを奪われないよう、市場の「ディスラプター(破壊者)」の出現に気を配った。そのほか、コスト管理を徹底するために社内のIT化を進め、販売の仕組みも磨いた。

企業体質を強化した上で、周辺機器から撤退した数年後、エレコムは同事業に再参入。M＆Aも進めながら、売上高を伸ばした。

エレコムは2019年度の「ポーター賞」を受賞。ポーター氏の名を冠した同賞は、独自性がある戦略を実行し、高い収益性を達成・維持する企業を表彰する。授賞式にはポーター氏も出席しており、葉田氏は改革の原点となった理論をつくったポーター氏に対して直接、「教科書通りに進めたおかげだ」と感謝の気持ちを伝えた。

葉田氏は現在も年20冊ほどの経営書を読んでいる。参考になる本については、役員ミーティングの場などで紹介し、すぐに実践に取り入れているという。「自社の存続を図りたいという気持ちで経営学と向き合ってきた。経営学には、はやり廃りでブームに乗るだけのものもあるが、やはり変わらないものは変わらない。経営者が指針とすべき不変の定義はやはりある、と思っている」と話す。

葉田氏が学んできたのは経営学の教科書だけではない。聴いてきた著名経営者の講演CDやテープは1000本以上になる。文化・芸術・科学・歴史・宗教などについての講演も聴き、世の中の多様な見方を知る参考にしている。現場もどんどん歩き回り、発想力を高めるきっかけを意識的につくってきた。

ゴビンダラジャン氏のイノベーション理論

葉田氏はここ数年、次の改革が必要だと感じ始めている。背景にあるのは、イノベーションを巡る課題だという。

ポーター氏の理論を生かした改革を経て再び成長軌道に乗ったエレコムは売上高を順調に伸ばしたものの、葉田氏は次第に社内のイノベーションの乏しさに危機感を持つようになった。それは「世の中の常識が覆るイノベーションはできなくても、社会のイノベーションにどうアジャストしていくかがこれまで以上に重要になる。ここに課題があるのではないか」（葉田氏）という問題意識だった。

1つの転機になったのがコロナ禍だった。それまでに比べて時間ができた葉田氏は、イノベーションの課題を克服するために関連する本を探して手当たり次第に読み進めた。とりわけ心に残ったのはビジャイ・ゴビンダラジャン氏らが書いた『ストラテジック・イノベーション』だった。ゴビンダラジャン氏は『リバース・イノベーション』の著者としても知られる経営学者だ。

『ストラテジック・イノベーション』において、ゴビンダラジャン氏らは、組織としてシステマティックにイノベーションを起こせるかという難しい課題について、具体的なケースを交えながら処方箋を示している。

ユニークなのは、同書が扱うのが成功した事例だけではないことだ。結果的にうまくいかなかった事例、成功まで時間がかかった事例などについても詳しく記している。同書において、ゴビンダラジャン氏らは克服すべきテーマを「忘却の課題」「借

エレコムはパソコン周辺機器の分野で多様な製品を扱っている

用の課題」「学習の課題」としてまとめており、それぞれに挑戦してクリアするための要件も細かく記している。

同書の内容に引き付けられた葉田氏は、ゴビンダラジャン氏の理論をもっと知りたいと思った。そこで直接メールを送ると、数分後には本人から返信があった。それだけでも驚いたが、メールを通して「自分の書いた別の本を読んではどうか」とアドバイスを受けた。それが『イノベーション創造戦略』だった。

ただ、同書は英語で書かれており、この時点では翻訳書がまだ出版されていなかった。そこで葉田氏は英語が得意なコンサルタントに相談し、内容を社内向けに翻訳してもらった。これを社内に回覧するなどしながら、日本でほとんど知られていない段階からその内容を共有してきた。

企業の業績を決める要因は1つではなく、複雑な要素が絡み合っている——。葉田氏は経営についてずっとこう考えてきた。ゴビンダラジャン氏は同書において、企業業績を結果から語るのではなく結果に至るまでの戦略とプロセスを体系的に示しており、葉田氏は自分の考えにフィットしていると思った。同書を読む経緯も含めてゴビンダラジャン氏との縁を感じた葉田氏は、21年9月に発売された日本語版で監訳を務めている。

同書によると、イノベーションを起こそうとする経営者が直面する課題は「3つの箱の解決法」によって克服することができるという。「3つの箱」とは、「BOX1　現在の中核事業を最大効率、最大利益率で運営する」「BOX2　環境変化により、適正でなくなった事業を特定して売却する。また適正でなかった習慣。考え方、姿勢を放棄することで過去の呪縛から逃れる」「BOX3　ブレークスルーとなるアイデアを生み出し、それを新たな製品や事業に転換していく」を指す。同書は既存のビジネスを最大限に生かしながら、同時に新たなビジネスを創出するための組織の在り方などを、具体的な事例を挙げながら示している。

「当社だけでなく、日本企業に広く当てはまる部分が多いと思う。ゴビンダラジャン氏の理論をどう生かすか、今考えている真っ最中だ」。葉田氏はこう話す。

葉田氏の「教科書」

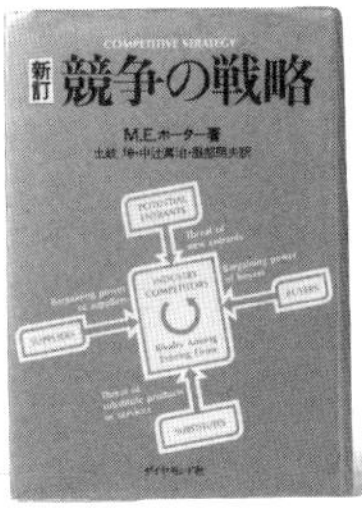

『競争の戦略』

マイケル・ポーター著

ダイヤモンド社

競争戦略の古典として知られ、
幅広い層に読み継がれている
ロングセラー

『ストラテジック・イノベーション』

ビジャイ・ゴビンダラジャン、
クリス・トリンブル著

翔泳社

「過去の成功」から脱出し、
「戦略的イノベーション」で成功し続ける
ための10のルールを示す

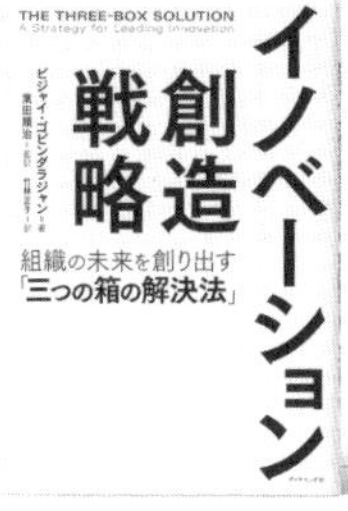

『イノベーション創造戦略』

ビジャイ・ゴビンダラジャン著

ダイヤモンド社

イノベーションを起こそうとする経営者が
直面する課題を
「3つの箱の解決法」で克服する

ユーグレナ社長　出雲　充氏

信頼する人に、自分の読む本選びを委ねてきた理由

バイオベンチャー企業として知られるユーグレナの創業経営者の出雲充社長。
「経営・人生の師匠」から受けた2つのアドバイスを読書に生かす。
さまざまな本を読み、その内容を実行している。

Profile

写真＝栗原克己

1980年生まれ。東京大学農学部を卒業後、東京三菱銀行（現三菱UFJ銀行）を経て、2005年にユーグレナを創業。15年に日本ベンチャー大賞「内閣総理大臣賞」を受賞

ユーグレナは藻の一種であるミドリムシを活用した食品や化粧品のヘルスケア事業を手掛けるほか、バイオ燃料事業、バングラデシュでのソーシャルビジネスを行っている。事業は拡大しており、出雲氏はベンチャー企業の創業経営者として多忙な毎日を送っている。そんな中でも出雲氏は月30冊ほど、年間では300冊以上の本を読んでいるという。読むのは移動時間が大半で、飛行機や新幹線に乗っている時間を読書に充てている。

出雲氏にとって「経営・人生の師匠」に当たるのが、元マイクロソフト日本法人社長の成毛眞氏だ。成毛氏は本の紹介サイト「HONZ」を手掛けており、出雲氏は本の読み方についてもアドバイスを受けてきた。

読み切って実践する意義

その1つがさまざまな分野の本を読むことだ。「読む本を自分で選ぶと偏りがあり、視野が広がらない。信頼できる人に最近読んでいる本を聞き、興味のあるなしにかかわらず読む」と出雲氏は話す。これまでビジネス書のほか、文化芸能や東洋思想まで幅広い分野の本を読んできた。

「読んだ内容をすぐに反映してお金を稼ごうとする人がいるが、その先には幸せになりたい気持ちがあるはずだ。それならば、むしろ『急がば回れ』。信頼する人に本選びを委ね、自分の幅を広げるべきだ」

例えば、歌舞伎に対して、出雲氏は以前まったく関心がなかったという。しかし、成毛氏に勧められた歌舞伎関連の本を読んだことで興味を持ち始め、今では魅力を理解するようになった。成毛氏と一緒に歌舞伎を見に行く機会も持ち、出雲氏は歌舞伎にさらに引きつけられた。

読書について、成毛氏のもう1つのアドバイスは、途中でつまらないと感じた本も読み切り、本に書いてあることを実践してみることだ。信頼する人が教えてくれた本である以上、内容が的確かどうかなどについては、あえて自分で判断しない。また、読み終わった段階で内容が完全に理解できない場合であっても、とにかく本の通りにやってみることを重視してきた。

「せっかく教えてもらったのだから、しっかり読む。そして、その分野の達人にならなくてもいいので、やってみる。読んでも実践する人は少ないが、やってみて分かることも多い」と出雲氏は話す。

「大切なのはやってみること」

出雲氏にとって愛読書の1つが『予測不能の時代』だ。著者の矢野和男氏は日立製作所フェローであり、同書は「組織を幸せに導く技術」がテーマとなっている。同書によると、幸せな人は「面倒だが重要な仕事」に積極的であり、幸せな人が多い企業は生産性が高いという。多数の企業が参加した「幸せの計測技術」「組織を幸せに導く技術」の実証実験に基づき、予測不能な変化といかに向き合うべきかを論じる。出雲氏は矢野氏と面識があり、本人から直接、一読を勧められた。

同書でも、出雲氏は「読んで実践する」という手法を徹底している。同書の最終章の「予測不能な人生を生きる」では、変化に立ち向かう視点として「覚悟する」「求める」「立ち向かう」など16パターンを掲載している。出雲氏は同書のルールに従って毎日1項目をランダムに選び、その日の仕事の状況などに当てはめながら自分なりに解釈することを繰り返しているという。

「大切なのは役立つかどうかでなく、まずやってみること」と出雲氏は強調する。この取り組みを続けることで変化に立ち向かう視点が身に付き、結果「不確実な時代に動じなくなる感覚がある」と話す。

もう1つの愛読書である『未来実現マーケティング』の場合も、読んだ内容を積極的に自社の経営に取り入れている。「人生と社会の変革を加速する」を切り口にしながら、そのために必要な「35の技術」を示す。著者の神田昌典氏は経営コンサルタントであり、ビジネス書の著者としてもよく知られている。

出雲氏は神田氏の「逆転の発想」にほれ込んでいる。神田氏の本は出版のたびに入手してきたといい、「すべて読んでいる」というほどだ。神田氏の著書について、出雲氏は「事例が多いため、取り入れやすい。これまで研修メニューなどに実際に取り入れた内容も多い」と話す。

同書の「子供たちを、未来を創るコンサルタントに」というアイデアの場合、ユーグレナでは「未来を生きる当事者である子どもたちが議論に参加すべきだ」という考えから「CFO（Chief Future Officer、最高未来責任者）制度」を先に導入していた。同書を読んだ出雲氏は、自社の取り組みと本の記述が重なっていたことによって、進む方向の正しさを確認している。

「古典を読み、SNSは見ない」理由

出雲氏は中国の古典に関連する本もずっと読んできた。きっかけは2013年に、ユーグレナに視察で来た人からたまたま誘われ、経営者らが参加する座禅に加わったことだったという。座禅会での人との出会いなどを経て、次第に古典の素読会にも参加するようになっていった。

それでも「古典を読んでもバイオテクノロジーには直接役に立たないし、正直言って最初は苦痛だった」という。しかし、多くの経営者が自分の時間を使って勉強する姿を見て「何かあるのかもしれない」と思い、参加し続けた。「分からないなりに何度も声に出して読むことから始めた」と振り返る。少しずつ内容を理解するようになり、同じ古典の素読を2周、3周と重ねた。自然と他の経営者との輪に入るようになり、「M&A（合併・買収）の決断のとき、『論語』のこの言葉を思い出した」といった話も聞くようになった。今では自らも古典や関連する本を時々読む。

守屋淳氏の『最高の戦略教科書 孫子』はそんな1冊だ。著者の守屋氏は中国古典の専

門家として、多くの企業経営者・管理職を対象に勉強会を行ってきた。同書は約2500年も前に書かれた中国の兵法書『孫子』の「負けないための戦略」を、前提条件がまったく違う現代でも本当に役立つのかなどの観点から、分かりやすく解説している。「ケーススタディーのため、読んでその内容が刺さる人は多いと思う」と出雲氏は話す。

古典を読む一方、出雲氏は最近のSNSや動画配信サイトには関心がなく、見ることが一切ないという。「SNSや動画配信サイトは同じ考えの人が集まるフィルターバブルに陥りやすいのではないか。予測不能なイベントが起こったとき、自分の周囲が同じ考えの人ばかりでは解決策を思いつかない。むしろ、分からないなりにも声に出して古典を読むことから始める、といったことが大切ではないか」。

創業のきっかけになった本を今も大切にする

出雲氏がユーグレナを創業する原点は、大学時代にバングラデシュを訪問し、貧困や栄養失調といった社会問題を目の当たりにしたことだった。現地ではムハマド・ユヌス氏が立ち上げた「グラミン銀行」を訪問。低所得者向けの小口融資「マイクロファイナンス」

によって社会問題に立ち向かう姿に、感銘を受けた。ユヌス氏の取り組みを知った出雲氏は社会問題をビジネスで解決したい思いを抱くようになり、その後、微細藻類のユーグレナと出合い、会社を立ち上げた。

それだけに『ムハマド・ユヌス自伝』は出雲氏にとって座右の書であり、これまで何回も読み返している。「この壮大で、狂った、正気とは思えない、不可能な夢を現実のものにしよう！　私たちは貧困なき世界を作ることができる！」という言葉は暗記しており、たびたび思い出す。

ユヌス氏とグラミン銀行は06年にノーベル平和賞をしている。出雲氏は「ユヌス先生は説得力のある人生を送っており、ＳＤＧｓ（持続可能な開発目標）の時代はユヌス先生の考え方が最先端になる。ぜひ読んでほしい」と強調する。

出雲氏の「教科書」

『予測不能の時代』

矢野和男著

草思社

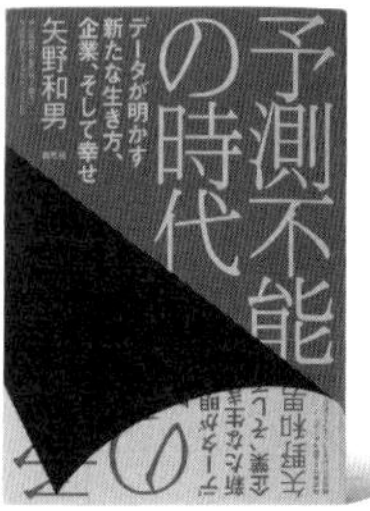

最新研究に基づき、
個人や組織が「予測不能な変化」と
いかに向き合うべきかを示す

『未来実現マーケティング』

神田昌典著

PHP研究所

「人生と社会の変革を加速する」を切り口に、
そのために必要な「35の技術」を示す

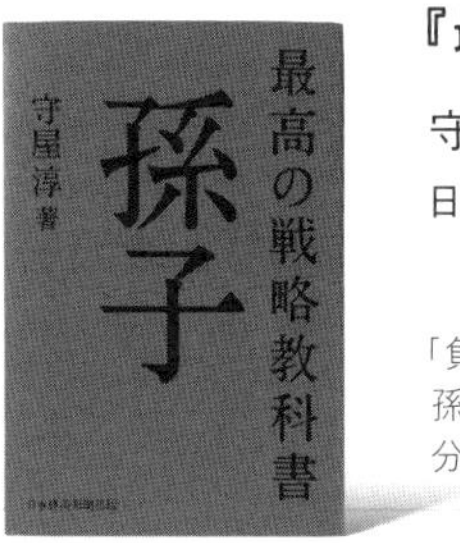

『最高の戦略教科書 孫子』

守屋 淳著

日本経済新聞出版

「負けないための戦略」を示す
孫子の解説書で、
分かりやすさに定評がある

『ムハマド・ユヌス自伝』

ムハマド・ユヌス、アラン・ジョリ著

早川書房

「マイクロクレジット」を行う
「貧者の銀行」を創設したユヌス氏が
自らの半生と信念を語る

早稲田大学大学院
経営管理研究科
（ビジネススクール）教授
入山章栄氏

Profile

慶応義塾大経済学部卒業、同大院経済学研究科修士課程修了。米ピッツバーグ大経営大学院でPh.D.。米ニューヨーク州立大バッファロー校ビジネススクールアシスタントプロフェッサーを経て現職

経営に正解はない。優れた経営者は考え続けている

経営理論を学んだり、フレームワークを勉強したりしても、そこから経営の正解が得られるわけではありません。そもそもこれだけ変化の激しい時代なので「経営には正解がない」というのが私の考えです。

それでもリーダーは「意思決定」をする必要があるため、考え続けなければならな

い。つまり、考え続けることこそが経営であり、私の知る優れた経営者はそのことをよく理解しています。経営理論やフレームワークをうのみにする必要はなく、自分の力で考え続けることが何よりも大切です。

そして経営について考え続けるとき、経営学はビジネスパーソンが考えを整理してブラッシュアップしたり、物事の理解を深めたりするときのための「道具立て」にはなり得ます。経営の正解は誰にも分かりませんが、世界中の経営学者による科学的な研究によって、人間や組織がどんな行動原理で意思決定をして動いているかについて、メカニズムはある程度分かっているからです。

不確実性が高まり、皆が自分で考えなければならない時代に入ったにもかかわらず、そこには明確な指針がありません。経営学の理論やフレームワークはビジネスパーソンが自らの力で考え抜くときの思考の軸や整理の枠組みの1つにはなり得る、ということです。

経営学のもう1つの役割は、「抽象化」にあると思います。目の前のビジネスを具体的に考えていると、なかなか問題の本質にたどり着けないことがあります。それは「具体」にだけ関心が行ってしまうので、その本質的なメカニズムにたどり着けないからです。だから、異なる業界の人、互いの具体論だけで話すと、会話も通じなかったりしますよね。むしろ経営理論などを使って、抽象化することで本質を理解しやすくできる可能性があるのです。具体的な事象も抽象化して本質を見つめれば、どの業界にも当てはめて考えたりできる「汎用性」が出てきます。だから、同じ理論を橋渡しにして、いろいろな業界の人と議論もできるのです。

また経営は人間が行いますから、経営理論とは人間や人間の織りなす組織の行動原理の理論といえます。そして人間の行動の本質は時代を経ても変わりませんから、経営理論には時間が経過しても古くならない「普遍性」もあるのです。主要な経営理論の中には1970年代、80年代に提示されたものもあるのですが、現代でもまったく通用するし、これからも通用するのです。

コロナ禍も重なりますます先が見えにくくなっており、「会社にしがみついていても、その会社が潰れるかもしれない」と気付く人は増えています。経営学に対する関心はこれまで以上に高まっています。私がいる早稲田大学ビジネススクールの入学希望者数もさらに増えています。

経営について考え続けるとき、考えを整理したり、物事の理解を深めたりする道具立てになり得るのは、経営学についての本だけではありません。

ここ最近、出版の本から2冊を紹介すると、『プロセスエコノミー』はプロセスを追求しなければモノが売れないことを示しており重要です。米国で投資アプリ「ロビンフッド」が人気を集めるのは、アプリを通してプロセスに対してお金を払うからであり、私はこうした動きに注目しています。

『LISTEN』は、相手の言うことを聞く能力の重要性を説いています。私はこれからのリーダーは心理的安全性を持たせられないと何もできなくなると考えており、挙げておきます。

経営学者では少し前の本になりますが、チャールズ・オライリー氏らの『両利きの経営』を挙げます。さまざまな経営理論に支えられた「両利きの経営」について、豊富な事例を掲載しているところがポイントで、私が監訳・解説を担当しています。

私が書いた『世界標準の経営理論』は800ページを超える本にもかかわらず、ロングセラーになっています。同書は「ビジネスの真理に肉薄している可能性が高い」として生き残ってきた「標準理論」を体系化しています。「その戦略で組織がこう動くのはなぜか」という「Why」の部分を説明しています。(談)

入山氏が薦める本

『プロセスエコノミー』

尾原和啓著

幻冬舎

完成品での差異化が難しい時代に
プロセスの価値を示す

『LISTEN』

ケイト・マーフィ著

日経BP

話を聞くことの意義を説き、
そのためのスキルを高める方法を指南する

『両利きの経営』

チャールズ・オライリー、
マイケル・タッシュマン著
東洋経済新報社

「知の探索」と「知の深化」という
「両利きの経営」の具体事例を紹介

『世界標準の経営理論』

入山章栄著
ダイヤモンド社

世界の主要経営理論を体系化し、
基本原理から紹介する

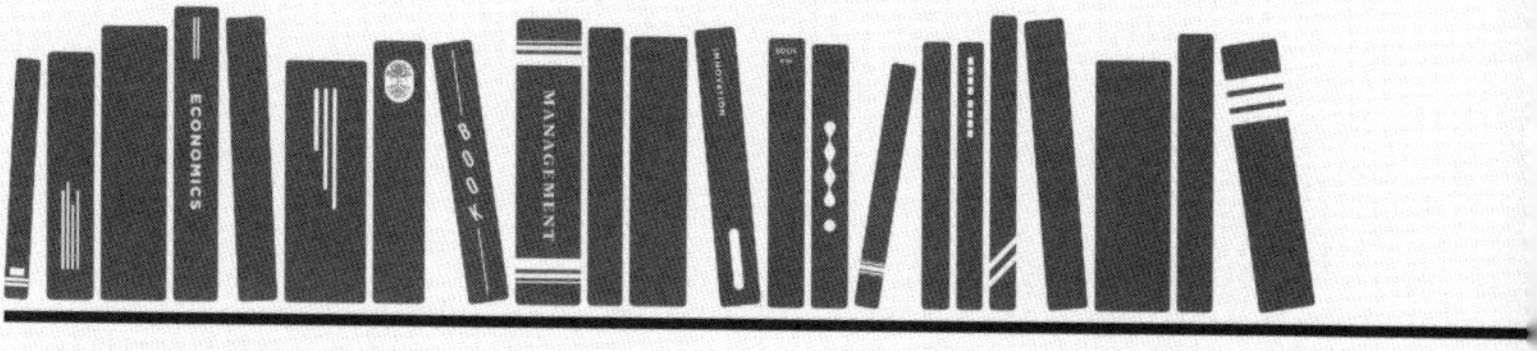

教科書をどう展開するか

Interview

［インタビュー］

刀 代表取締役CEO

森岡 毅氏

刀 代表取締役CEO
森岡 毅氏

Profile

1972年生まれ。神戸大学経営学部卒。プロクター・アンド・ギャンブル（P&G）を経てUSJでCMO（最高マーケティング責任者）。17年刀設立。数々の実績を上げている（写真=太田未来子）

「数学マーケティング」、海外論文から独自モデルを構築

ユニバーサル・スタジオ・ジャパン（USJ、大阪市）を経営再建した森岡毅氏。
現在、マーケティング集団、刀を率いる森岡氏は海外の経営学の論文を読み、
それを生かした独自モデルを構築して「実戦」する。
その在り方は教科書経営の理想型のようにも見える。
森岡氏にその経緯や学んだ理論の生かし方などを聞いた。

――経営学の論文を読み、経営に生かしてきたと伺っています。

森岡毅氏（以下、森岡氏）：私は大学卒業後、外資系メーカーのプロクター・アンド・ギャンブル（P&G）に入社しました。論理的でデータドリブンな会社であり、「売れる」ことを非常にロジカルに説明していました。ただ、私は文系の経営学部の出身ですがもともとはガチガチの理系です。その視点からすると、「データが情報になっていない」ため、ここでの分析はとてもファジーな世界に見えました。

情報には価値がありますが、データはその原石にすぎません。ダイヤモンドとその原石が違うように、データは確かに大切なのですが、そこから価値を生むにはデータを磨いて情報にする必要があります。しかし、私が担当したブランドマーケティングにはこうした考えの人がほとんどいませんでした。

それでも幸いなことに社内にはデータが膨大に蓄積されていましたから、情報にならないまま放置されたデータを調べることから始めました。そんな中で消費者の購買行動にある一定の法則、もっといえば消費者一人ひとりの消費の選択がポアソン分布（ある事象が一定の確率でランダムに起きること）にあることがおぼろげに見えてきました。

そのとき参考になったのが、米国の数学者で経営学者のアンドリュー・アレンバーグ氏の理論でした。アレンバーグ氏は私が気付く十数年前にこの法則に気付き、研究を重ねていました。実際のデータがポアソン分布に重なっていることに気が付いた私は、そうした研究がないかと調べるうちに、アレンバーグ氏の論文にたどり着きました。数学、もっといえば確率論を生かしたアレンバーグ氏の論文を見たときは感動しました。

――アレンバーグ氏の論文との出合いが、「その後」につながったのですね。

森岡氏：アレンバーグ氏は経営学者として大学で教えていましたが、もともとは数学者です。私の周囲には実測データが多数ありましたから、アレンバーグ氏の考察を論文や著書によってたどりながら自分の理論を積み上げていきました。だから、私はアレンバーグ氏の弟子だと自分では思っています。今はアレンバーグ氏の理論全部が正しかったわけではないと考えていますが、着眼点や根本の思想は正しかったと思います。

アレンバーグ氏を通して知ったのが、私と世代的に近いオーストラリアの経営学者、バイロン・シャープ氏です。シャープ氏はアレンバーグ氏の理論について研究を深めています。私はシャープ氏を確率論でビジネスにアプローチしている仲間だと捉えており、シャープ氏の著書も最近の論文も読んでいます。「アレンバーグ派」は米国の経営学者、フィリップ・コトラー氏の理論に間違った部分があることも指摘しています。私もそれを数学的に実証しようと思っています。

ただ、シャープ氏が研究している領域と私が取り組む領域はカテゴリーが違います。例えば、消費財などならシャープ氏と極めて近くなるはずですが、私がやってきたエンターテイメントや無形資産などはカテゴリー的に論証実績がない領域です。このため、私は自分で実測しながら、エンターテイメントのカテゴリーにおける実用モデルをつくってきました。

またシャープ氏とは立場も違います。シャープ氏は現実に沿って論陣を張る学者です。それでも例えば、おいしいすしについて説明するすし評論家とおいしいすしを握る職人が違うように、学問と現場はやはり違います。すし職人はおいしいすしが握れることが大切であり、マーケターの私は言ってみれば、すし職人の代表。理論の構築や人に教えることが目的でなく、あくまでも私の仕事は理論を持ってマーケターとして現場に出ていくことです。大変リスペクトしていますが、実測に合わないものは役立たないと思っています。

アレンバーグ氏の理論を「実戦モデル化」してきた

アレンバーグ氏やシャープ氏は起きた現象を説明できましたが、私はこれから起こる現象について、アレンバーグ氏の理論を基に予測モデルをつくってきました。私はこれを「数学マーケティング」と呼んでいます。アレンバーグ氏の理論の「実戦モデル化」であり、私の心の中では小さな誇りです。

では、自分で自分の教科書をつくってきたのかといえば、そこまでおこがましいことではないです。私はアレンバーグ氏の理論をマーケティングに使えることを証明しているのです。

——アレンバーグ氏の理論からたどり着いた数学マーケティングについて教えてください。

森岡氏：まず知ってほしいのが、企業にとって収益構造の核心がどこなのか、です。結論から言えば、それは消費者の頭の中にある脳内構造だ、というのが私の考えです。そして、その理解のために私はアレンバーグ氏の理論を使っています。確率論を使うことによって「消費者が頭の中で商品の情報をどう処理し、最終的に商品を買うかどうかをどう意思決定しているのか」が分かるのです。

少し詳しく説明しましょう。人は基本的な脳の構造において大きな違いはありません。これは情報処理の構造が変わらない、といってもいいでしょう。なぜそうなるかといえば、生命の進化は「生き残る確率が高くなるように意思決定」しており、人もその延長線上にいるからです。

本能に近い部分は、例えば熱いものに触れたら、イノシシもシカも人もパッと離れるように、皆共通しています。もちろん、人は特有の複雑な意思決定システムを持っていますが、最終的には生物としての本能＝自己保存の法則で決めるのです。

人は本能に基づいて欲求が生まれ、欲求が満たされる度合いによって感情が生まれます。本能が満たされていると喜びの感情が生まれ、さらに満たそうとします。本能が満たされていなかったらフラストレーションが生じ、満たすための行動に移ります。人間の意識や行動は本能に操られており、商品を買うかどうかも本質的なところは本能が決めている、というのが今のところ私の結論です。

——従来のマーケティングとの違いはどんな点にあるでしょうか。

森岡氏：マーケターはよく消費者調査でなぜこの商品を買ったかと聞きます。しかし、ここで把握できるのは感情であり、これは「本能に操られた後の自分の言い訳」を聞いているだけです。消費者は本能自体を言葉にできないのです。それでは本当のことは分かりません。

これに対し、私は消費者が意識できていない本能の働きを、人の行動パターンを数学的に解析することによって理解できる、と考えています。

繰り返しになりますが、消費者は買うか買わないかを感情で説明しますが、それはあくまでも後付けにすぎません。ではどうなっているのかといえば、消費者は実際には本能に基づき、自分が持っているいくつかの選択肢の中から商品をランダムに選んでいるのです。私はこの点において、アレンバーグ氏から多くのことを学んでいます。こうしたことを前提に消費者全体で見ると、消費者の行動は数式で表すことができるのです。

例えば、あるマーケットの中でA、B、C、Dという4つのブランドがある場合、それぞれの売上高のシェアは、消費者の頭の中でブランドを選択する確率＝相対的な好意度（プレファレンス）と言い換えることができます。消費者のプレファレンスによって決定される購買までの仕組みはどのカテゴリーでも同じであり、結局、市場競争とは購入意思決定＝プレファレンスの奪い合いになります。こうして数学で消費者の脳内の働きを知ったら、そのカテゴリーでどういうブランドをつくれば勝ちやすくなるかを分析・把握し、投資を集中させるのです。

消費者の選択が数式に当てはまることは当初、私にとって仮説でしたが、今では膨大なデータによって検証しています。このため、従来のマーケティングの「当たるもはっけ、当たらぬもはっけ」や「いけるとも、いけないともいえない」世界とはまったく異なります。数学マーケティングによって、消費者の頭の中で選ぶ確率を決める要素にどんなことがあり、それがどのくらい相対的に重要かも分かりますから、例えば「X％のマーケットシェアを取るには要素PとQを兼ね備えたコンセプトをつくれば確率が高い」といったことをあらかじめ把握できます。その結果、「何となく取り組む」や「成功しているブランドのまねをする」よりも成功の確率が上がると私は考えています。

数学マーケティングで「何となく」を避ける

――一連の取り組みに、アレンバーグ氏の理論が生きているのですね。

森岡氏：水は放っておいても高いところから低いところへ勝手に流れます。ビジネスも同じようにすべきであり、数学マーケティングは一言で言えば、そのために世界の構造を解き明かします。

例えば、ポンプを使えば、水は低いところから高いところに流すことも不可能ではありません。しかし、ポンプを動かすにはエネルギーが要りますし、続けることになったら労力やコストがかかります。ビジネスも同じで、うまくいかない会社は水を下から上に流すようなことをたくさんしています。数学マーケティングで解き明かされた構造に逆らっているにもかかわらず、気付かないままコストをかけ続け、失敗している会社が多々あります。

では、なぜこんな失敗が後を絶たないのかといえば、自分の思い込みや経験則から「何となく」経営の判断をするからです。「何となく」の判断は当たることもありますから、私はそれ自体を決して否定しません。しかし、「何となく」が一人歩きすると、気がついたら「自分は坂道を下っていると思っていたのに、実は坂道を上っていた」といったことが起きるのです。するとエネルギーが足りなくなり、コストに見合う体力がない会社から順番に潰れていきます。

マーケティングの場合、個人の才能に頼っても偶然の要素が多く、再現性がありません。個人の才能はアートの世界であり、私はむしろマーケティングを再現性のあるサイエンスに近づけたいと思っています。これは自分の得意な方向にマーケティングの世界を引きずり込んできたからです。料理でなく理科の実験のように誰もが同じにできるようにしたいのです。天才的な感覚の長嶋茂雄さんの野球は人に教えにくいかもしれませんが、私は理論派の野村克也さんのスタイルに近く、再現性が大切だと思っています。

――「何となく」を避けるのが、数学マーケティングなのですね。

森岡氏：世界をより深く知るには、世界を3つに分けて考える必要があります。まず存在しているのは、実際そこにある「現実の世界」であり、これは私にとっても他の人にとっても共通しています。しかし、その世界をどう認識するかとなると、人によって違いがあります。「世界はこうだ」という認識がそれぞれの頭の中にあり、これを「認識の世界」と呼びます。認識の世界は現実の世界と違い、あくまでも頭の中にあります。このため、ある人の認識の世界を別の人が正しく認識するのは極めて難しい。現実の世界から認識の世界への変換を「何となく」やろうとすると、どこかにエラーが起きるのです。結果、間違った形で現実の世界の構造を理解してしまい、現実の構造に逆らって動くことになります。

こうしたエラーを避けるのが、第3の世界である「記号の世界」です。これは言語、論理、数字によって現実の世界を把握する世界であり、他の人の認識の世界を理解するには、記号の世界をうまく使いこなす必要があります。記号の世界をうまく使えれば、他の人が体験した現実の世界であっても、記号の世界を通じて自分の認識の世界にできるのです。記号の世界は現実の世界と認識の世界をつなぐものです。

例えば、私が水に飛び込んだ結果「水が冷たい」と知ったとしましょう。他の人に記号の世界を通じてそれを伝えた場合、伝えられた人は、水が冷たいという現実の世界を知る前に水の冷たさという情報を獲得します。記号の世界を介して私の認識の世界を共有すれば、実際水に触れなくても「それならば飛び込まない」という行動ができます。

ビジネスも3つの世界があることを理解して進める必要があります。そしてそのとき、記号の世界の数学を使うと、現実の世界をかなり正確に認識の世界に翻訳することができます。数学を使えば人が「何となく」やってしまう間違いを避けられるのです。

自動車はどこがアクセル、どこがブレーキ、といった構造が分かるから安全に操縦できます。ビジネスも数学を使うことによって一定の構造を理解して臨むべきです。

――確率論などは専門性があり、誰もが使いこなせるわけではありません。マネジャー層は専門的な知見とどう付き合うべきでしょうか。

森岡氏：経営者の本来の仕事は、分析ではありません。大切な仕事は決めることです。そして、正しい情報に基づいて決めるには、正しい情報を提供するアナリスト、インテリジェンスを持つべきだというのが、私の考えです。もっといえば、経営者の代わりに現実世界を調べるＣＩＯ（最高情報責任者）が重要になります。先ほどの水の話でいえば、ＣＩＯは経営者が水に入る前に例えば「水温はセ氏2〜3度」と調べ、伝える役割を担います。

すると問題は「アナリストが信頼に足るか」「信頼できるアナリストを用意できるか」になりますが、これは経営者があらゆる領域について持つべき能力です。信頼できるファイナンス担当をどう探すのか。信頼できる人事担当をどう探すのか。信頼できる営業担当をどう探すのか。それらと同じで、基準になるのはきちんと結果を出していることです。言葉にとらわれず、行動の結果や言葉と行動の一致度合いを見て「信頼できるか」を判断するのです。

私はかつてテーマパークのＵＳＪを運営する合同会社ユー・エス・ジェイ（大阪市）でチーフ・マーケティング・オフィサー（ＣＭＯ）兼執行役員を務めていました。一緒に仕事をしたグレン・ガンペル最高経営責任者（ＣＥＯ）は数学マーケティングが専門外でした。それでも、私を信頼して多くを任せてくれました。重要な意思決定について、私が「やりたい」といったことで、最後までやらせなかったことは1つもありませんでした。「信頼できるか」の見極めにたけていたのです。

経営者は人を見る目に優れるべきであり、その神髄は行動と結果からその人を評価し、信頼できる人を見つけることです。そのために水の話でいえば、CIOが「水温はセ氏2～3度」といったら、実際に何度か温度を測定したらいい。本当にその通りならば信頼すればいいし「測ってみると15度だった」といったことが何度かあったらCIOを代えたほうがいい。これを繰り返し、自分にとって正しい情報を提供する人を使いこなす。経営者の仕事はそれに尽きると思います。

経営者が理解すべきは数学自体ではない

――専門性のある経営学の理論などの場合、経営者は何を理解しておくべきでしょうか。

森岡氏：数学マーケティングについていえば、経営者が理解すべきは数学自体ではなく、数学マーケティングによって解き明かした法則です。法則は数学で解き明かした自明なことであり、その内容はしっかり理解する必要があります。そのために根本は「本質的なことは何なのか」という問いを絶やさないことだと思います。

経営者は経営を全方位から考えるため、さまざまな悩みを抱えています。そのとき、数学的に自明な領域は数学マーケティングで世の中の構造を解き明かせますから、その分、経営者は自分が集中すべき領域をつくり出すことができます。

例えば、10の悩みがあっても、そのうち7か8は数学マーケティングで解決できますから、この部分はもう悩まなくていい。経営者は残りに集中して悩めばよく、そのために時間を集中的に使えます。

逆にいえば、残りの2、3個は無理に理論を当てはめても解決できません。理論が万能ではないことを知っておくことも実戦派の心構えとして大切です。埋められないところは真摯に悩んで超えていかなくてはいけないのです。そして、それは得てして泥臭い世界です。泥臭く取り組む以外に方法がない領域が経営にはあります。そこには「ガッツ」も必要であり、ファジーなところもありますが、数学マーケティングによってとにかく泥臭いことに集中できるのです。これは経営者にとって非常に重要だと思います。

──今も経営学の新しい知識には関心を持ってチェックしていますか。

森岡氏：もともと理系ですから論文を読むのは大好きだし、英語に不自由しないので、確率論やビジネス系の論文をインターネットで探してよく見ています。自分にとって必要な論文は、その分野の学者の人名で検索すると見つかりやすいと思います。最近読んだシャープ氏の論文はこれまでの数式が当てはまらなかった事例を紹介していて面白かった。ある会社のオフィスで社員がランチでどのレストランを利用したかの調査ですが、「ある人数以上入るには、その店しかない」といった場合には数式が当てはまらず、この数式では代替可能性という前提が重要であることが改めて分かりました。

「うどん」が示す数学マーケティングの可能性

──数学マーケティングによって例えばどんなことができるのでしょうか。

森岡氏：うどんチェーンの丸亀製麺の場合でも、私たちは4カ月という短期間に「ここのうどんは、生きている。」というブランディング戦略を立案。短期間で来店確率の向上において成果を上げたのですが、ここでも数学マーケティングが生きています。

私は頭の中の構造を理解することが大切だと考えており、「人はなぜ、うどんを食べるのか」＝「うどんと聞いた瞬間に、その言葉が記号として人の頭の中でどう処理されるのか」「うどんは人の本能のどこに刺さるのか」について独自調査も踏まえて考察を重ねていました。同じ麺類でも、例えばスパゲティは「おしゃれ」、そばには「本格的」といった言葉がひもづいています。こうした食材の「記号性」を調べるうち、うどんは「懐かしい」「ほっこりする」「守られている」「安らぐ」などの言葉が浮上。ではこれらの言葉が何に由来するのかをさらに調べました。

ここから分かったのは、うどんは「赤ん坊のときに親の無条件の愛で守られた」体験とつながっていること。うどんは母乳で育った赤ん坊が乳離れの最初の頃に食べることが多いのですが、それがなぜかといえばうどんの食感などは授乳中における母親の乳首の感覚に近く、離乳時に食べることに違和感がないため。逆にいえば、赤ん坊のときのように守られたい本能や欲求があるとき、人はうどんという選択肢を取る確率が高いはずです。

そうした考察を踏まえて、それに合った活動が丸亀製麺にないかと見回した結果、それに合致した「うどんは1店舗ずつうどん粉から打っている」事実に着目。これを軸にしたマーケティング戦略を打ち出し、成功につなげました。一連の流れは偶然気付くことでなく、脳の構造から「うどんに消費者が何を求めているか」を数学マーケティングによって7、8割把握し、そこから先の2、3割を泥臭く考えた結果です。

――このところテーマパーク、ハウステンボス（長崎県佐世保市）など注目案件への参画が目立ちます。案件はどのように決めてきたのでしょうか。

森岡氏：基本的に3つの尺度で決めており、事業を立ち上げたときから変わっていません。1つ目はその事業が日本のためになるか。これが最も大切であり、日本の役に立たないことや、日本のために良くないプロジェクトは絶対にやりません。社会的に大義があるかどうかをしっかりチェックします。

その上で2つ目に考えるのは、その事業に私たちの持つノウハウが貢献できるかどうか。この段階まで中に入り込まず、あくまで事業を外から見るのですが、契約後に期待と能力がずれていたらお互い困りますから数週間ほどかけて事業の弱点がどこにあり、その解決に私たちのノウハウが当てはまるかを分析します。具体的には、ブランディングによる伸びしろが大きいかどうかが1つのポイントです。3つ目は経営者としての視点で、うまくいった場合それに見合ったフェアな報酬がいただけるかどうか。この3つをこの順番で考えます。「マーケティングとエンターテイメントで日本を元気に！」という社是を掲げているのですが、実はそれを「因数分解」すると1つ目と2つ目の尺度になります。3つ目は企業のサステナビリティー（持続可能性）につながり、シードマネーの提供者の期待と信頼に応えるため私の責任として交渉します。

1つ目の尺度から「何とかしなければならない」と考え取り組みたくなることもいいのですが、1日は24時間であり、案件を10も20も同時並行には進められません。2つ目の「私たちが役に立てるのか」というところから、抑制的に考え、受け持つ案件ごとに必死に取り組み結果を出すことを優先してきました。

インタビューに関連した本

『A Primer in Data Reduction』

A.S.C. Ehrenberg著
WILEY

森岡氏が論文を熟読する
アレンバーグ氏の著書の1つ。
掲載はペーパーバック版

『ブランディングの科学』

バイロン・シャープ著
朝日新聞出版

森岡氏はシャープ氏の論文も読む。同書は従来のマーケティングのセオリーを覆す11の法則を示す

『確率思考の戦略論』

森岡 毅、今西聖貴著
角川書店

森岡氏の「実戦」する
数学マーケティングの詳細について、
数式も交えながら、詳しく論じている

2章

教科書で会社を変える

日本交通会長　川鍋一朗氏

ドラッカー氏と稲盛和夫氏、2人の著書に共鳴する理由

多忙な毎日を送る経営者の中には、本に書かれた経営学者や先輩経営学者の言葉を参考にする人が少なくない。タクシー・ハイヤーの日本交通で会長を務める川鍋一朗氏は、ことあるごとに自らの「教科書」とする本を読み返しながら、自らの経営の在り方を考えてきた。

Profile

写真＝栗原克己

1970年生まれ。慶応義塾大卒後、米ノースウエスタン大経営大学院（ケロッグ校）でMBA取得。マッキンゼー日本支社を経て日本交通入社。2005年社長に就任。15年から現職

日本交通（東京・千代田）は創業90年を超えるタクシー・ハイヤー会社だ。ハイヤー約1600台、タクシー約7000台を走らせており、1万人が働いている。連結ベースの売上高は同業で日本最大となっている。

会長を務める川鍋一朗氏は1970年生まれ。日本交通の創業家3代目として生まれた川鍋氏は小学校から大学まで慶応に通った。大学卒業後には、米ノースウエスタン大学経営大学院（ケロッグ校）に留学し、MBA（経営学修士号）を取得。外資系コンサルティング会社、マッキンゼー・アンド・カンパニー・インク・ジャパンを経て、父が社長を務める日本交通に入社した。34歳の若さでトップに就いた。

就任してからはそれまでの華やかな経歴とは程遠い泥臭い挑戦も繰り返しながら、事業の先頭に立ってきた。業界内外の期待や評価は高く、全国ハイヤー・タクシー連合会の会長も務めてきた。

気になることがあると取り出す本

川鍋氏はこれまでの歩みを振り返りながら「ビジネススクールの学びはスキルとして教

科書を学ぶことよりも、学生同士がお互いに切磋琢磨《せっさたくま》するところのほうが大きかったのではないか」と振り返る。

むしろ役立つ知識は経営の現場に入ってから、本を通して学んだことが多いと感じている。「本は安く購入できる上、手元に置けばいつでも手に取って読むことができる」と語る。

経営関連のいろいろな本を読んできた川鍋氏が愛読しているのが、米国の経営学者ピーター・ドラッカー氏の本だ。ドラッカー氏についてはこれまで多くの著書を読んでおり、今も時々読み返している。「ドラッカー氏の本は、いずれも経営についての本質的なことが短い言葉で書いてある。このため、読むたびにハートを射抜かれるような気持ちになる」と川鍋氏は話す。

ドラッカー氏の本の場合、気になる記述があると、そのたびにチェックしながら読んできた。このため、川鍋氏が持っているドラッカー氏の本にはどれも線がたくさん引かれている。「自分にとっては参考書のようなものだと思う」と川鍋氏は言う。

ドラッカー氏の著作の重要性に気付いたのは、34歳で日本交通のトップを引き継ぐ頃からだった。当時の日本交通は経営が厳しく、400億円ほどの売上高に対し、抱えていた債務は一時、約1900億円あった。バブル期に購入した不動産が不良債権となっており、その借入金の返済を求める銀行との交渉は長く、苦しかった。

何とか経営再建のめどがついた段階で父に代わって社長に就任。その直後に父は他界した。少しでも経営を改善する手がかりをつかもうと、川鍋氏はさまざまな本を読んだ。ドラッカー氏の著書に触れるきっかけは、知名度の高さだったという。「これほど有名なのだからまずは一通り、内容を知っておこう」と考えて読み始めた。そして、読んでいくほどにその内容に引き付けられた。

「変化の先頭に立つ」ために新サービス

読んで強く感じたのは、その実践度の高さだった。川鍋氏によると、ドラッカー氏の言葉は「書いてある通り、がそのまま実際の経営に通用する。これはすごいことで、言ってみれば経営者にとって、その言葉は水戸黄門の印籠のようなものだ」という。「ドラッカー氏ほど核心を突く経営学者はほかにいない。多くの経営者がドラッカー氏の著書に触れているし、じっくり読んでいる人も多い。経営者にとっての1丁目1番地と言っていいのではないか」と話す。

ドラッカー氏の本を読み始めた頃、川鍋氏はそれぞれの本を最初から終わりまで通して読んでいた。最近では全体のイメージが分かったため、通読するのでなく、例えば組織の在り方やマーケティングなど、課題が浮上するたびそれに合った内容が書かれた本を3、4冊取り出し、課題に合った箇所を探して読むことが多い。

ドラッカー氏の多数の著書の中で、川鍋氏が特に気に入っているのが、『明日を支配するもの』だ。同書は人口構成の世界的な変化が企業の経営戦略の前提そのものを変えることなどを指摘する。その上で、変革の担い手である「チェンジ・リーダー」像を示しており、川鍋氏は同書から大きな刺激を受けてきた。

実際の現場においても、ドラッカー氏の言葉を生かしてきた。日本交通は業界に先駆けてさまざまな取り組みを進めてきたが、そのとき川鍋氏にとって支えや後押しになったのが、「変化はコントロールできない。できるのは変化の先頭に立つことだけである」というドラッカー氏の言葉だった。

例えば、日本交通では高い接客スキルを持った運転手が時間制の運賃でサービスを提供する「エキスパート・ドライバー・サービス」を導入している。「観光」「ケア」「キッズ」の3分野で、えりすぐりの運転手が買い物や病院への通院の付き添い、子どもの学校や塾への送迎などのサービスを行う。

業界の先頭に立つ取り組みとなってきたが、川鍋氏がこのサービスの導入を考えたとき、社内には「そんな取り組みはタクシーでこれまでにしたことがない」と戸惑う声や「我々はタクシー会社であり、タクシーがそこまですることはないのではないか」という冷ややかな見方もあった。

このとき川鍋氏はドラッカー氏の「変化はコントロールできない。できるのは変化の先頭に立つことだけである」という言葉を頭に浮かべながら、「確かにそれまでのタクシーにはないサービスだ。しかし、時代は変わっておりそれをコントロールできない以上、変化の先頭に立とう。そしてそれが新しい顧客創造になるはずだ」と説いて、新しいサービスをスタート。その結果、タクシーの果たす役割自体を広げていく契機となった。

「経営者の本は自分にとっては生きた教科書」

川鍋氏は経営者の書いた本も読み、自分の経営の参考にしてきた。「経営とはある意味、一般常識の積み重ね。先人が通った道の、同じようなところにだいたい落とし穴がある。

個別、具体的に書いてある分、自分にとって経営者の本は生きた教科書になる。本の中に師匠がいるイメージだ」と話す。

国内外のいろいろな経営者の書いた本を読む中で、「フィット感が強く、自分の思いに最も共鳴する」のが、京セラの創業者で2022年8月に亡くなった稲盛和夫氏の書いた本だ。川鍋氏は「稲盛さんの本を読んでいて『圧倒的に正しい』と思うのは、稲盛さんが徹底的に自分の頭で考えて行動していることだ」と話す。

特に気に入っているのが『稲盛和夫の実学—経営と会計』だという。同書には「経営のための会計学」として、「キャッシュベース経営」「一対一対応」「筋肉質経営」など、稲盛氏が考える7つの実践的基本原則を挙げ、分かりやすく説明している。同時に本の後半には、稲盛氏が「中堅企業の若手経営者を主たる対象として」始めた勉強会「盛和塾」での「経営問答」も収録。稲盛氏が実践的基本原則に沿いながら、若手経営者の質問に自分の考えを伝える。

例えば、「経営問答」のパートにおいて、経営目標の決め方という質問に対して稲盛氏はまず「実は、そういうことを悩んでおられることが、すでに経営者として立派なのです」と話すところから始める。稲盛氏によれば、目標の設定は経営の中でも大きなファクターであり、「永遠の課題」だという。その上で「経営というのは、人間の集まりをどうするかということ」であり、目標設定の問題も人の心をどうするかの問題であると説く。川鍋氏はこの考え方に強く共感する。

「経営計画とは、前年比プラス10％がいいといった一般論で考えるものではない、と稲盛さんは指摘している。何か決まった正解があるのではない。むしろ大切なのは、経営者がどれだけ魂を込めて、社員全員に『やろう』と思わせる計画をつくれるかどうか、にある。そのためには企業がそれぞれ置かれた状況におけるベストな解を出していく必要がある。そのことを稲盛さんの本を通じて強く感じた」と川鍋氏は話す。

稲盛氏の言葉が一歩踏み出すきっかけに

稲盛氏の言葉は、具体的な取り組みにつながっている。「変化を自分たちでどうにもできない以上、新しい状況の先頭に立って対応するのが経営者の仕事」と考える川鍋氏は、タクシーの配車アプリにも他社に先駆けて取り組んできた。

タクシー配車アプリはその後、参入してくる会社もあり、日本交通はこの分野で競合としのぎを削る状況となった。資金力のある海外企業の参入も見込まれ、それが進めば競争がさらに激化するとみられていた。一方、配車アプリの開発には人材が不可欠だ。しかし、それができるＩＴ人材は不足が目立ってきていた。

さまざまな状況を考えると、「オールジャパンで結束したほうがいい」のは間違いなかった。しかしいざ動こうとすると「自分が先に始めたし、苦労して大きくしてきた」と思うと、川鍋氏はなかなかそのための一歩を

タクシーの配車アプリにはいち早く取り組んできた

踏み出せなかった。

そんなとき知ったのが稲盛氏の言葉だった。

稲盛氏は経営哲学を語る記事で、「一生懸命に会社を大きくした。俺の才能で、俺の技術で〝俺が、俺が〟と思った」とした上で、それでもその後に「だが、才能はたまたま天が自分に与えたものだから、世のため人のために使わないとバチが当たる」と考えるようになったと説いていた。

川鍋氏はこの言葉に衝撃を受けた。タクシー業界の未来を考えたとき、「自分が最初に始めた」などといった、自分の小さな考えにこだわっているわけにはいかない――。こう悟った川鍋氏は20年、タクシーアプリの事業を最大のライバルだったディー・エヌ・エー（DeNA）の配車アプリ事業と統合。新たにモビリティテクノロジーズ（MoT、東京・港）を発足させ、会長に就任し、今もタクシーのIT化の最前線に立つ。

自社に合わせて考える大切さを知る

川鍋氏は稲盛氏の著書を定期的に書棚から取り出し、繰り返して読んでいる。最近読み直し、参考になると感じたのが、減価償却についての考え方だ。

固定資産である機械は通常、国の「法定耐用年数」に従って償却する。しかし、この方法では例えば、セラミックスを製造する機械の場合、実際には5、6年しか使えないにもかかわらず、もっとずっと長い期間をかけて償却することになる。これでは実態と合っていないため、京セラでは税金を余計に払うことになっても、実際に機械が動く期間内で償却する、と稲盛氏は記していた。

「法律がどうなっているというのでなく、あくまでも自分のところの事情に合った会計で判断して、それを実行している。経営者にとって大切なのは、自分の頭で考えて、自分で決めて行動すること。その大切さを改めて知った」と川鍋氏は話す。これからもいろいろな本を読みながら、経営の在り方を見つめていく。

川鍋氏の「教科書」

『明日を支配するもの』

ピーター・ドラッカー著

ダイヤモンド社

人口構成の世界的な変化が企業の経営戦略の前提そのものを変えることなどを指摘。変革の担い手の姿を示す

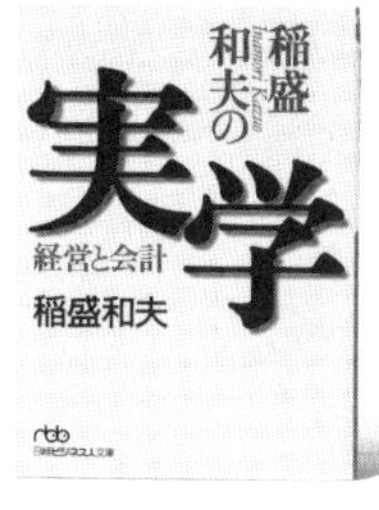

『稲盛和夫の実学——経営と会計』

稲盛和夫著

日本経済新聞出版

「経営のための会計学」として
7つの実践的基本原則を挙げ、
分かりやすく解説

中川政七商店会長

中川政七氏

十三代目トップ、経営書で300年企業を変えた

創業300年超の中川政七商店の十三代目、中川政七会長。周囲に頼れない状況の中、経営書を生かしながら組織やブランドの在り方を見つめ、成長に導いてきた。「理論体系がしっかりした本」が支えになった。

Profile

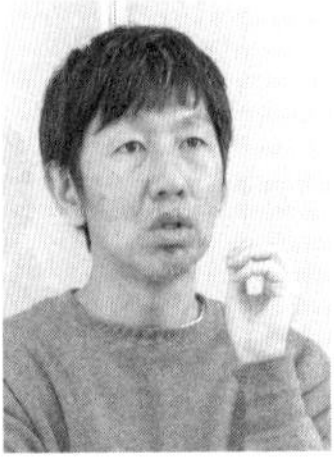

写真＝宮田昌彦

1974年生まれ。京都大学法学部を卒業後、富士通を経て中川政七商店に入社。2008年社長に就任。18年から現職。同社は15年度「ポーター賞」を受賞

中川政七商店の歴史は1716年に奈良晒《さらし》の商いを始めたことに遡る。創業以来一貫して、奈良市に本社を置き、工芸の世界でビジネスを展開してきた。それでも時代が移り変わる中、歴代の当主たちは、それぞれの状況に合わせてさまざまな改革を行いながら事業を引き継いできた。

「古臭い」「小規模」と思われていた工芸の世界において、それまでなかったSPA（製造小売り）を立ち上げ、店舗を全国に広げてきたのが、十三代目の中川政七氏だ。

中川氏は大学卒業後、富士通での2年ほどの勤務を経て、父が社長を務める中川政七商店に入った。社内には茶道具を扱う第一事業部と和雑貨の第二事業部があり、それぞれを父と母が担当していた。当時は茶道具の第一事業部が売り上げの多くを占め、収益力もあった。第一事業部に配属となった中川氏は大企業から移ったこともあり「小さな組織でバリバリ活躍する」と張り切った。しかし、仕事は父の指示により、来る日も来る日も倉庫での配送用の荷造りばかりだった。先輩社員の厳しい指導を受けながら、単調な作業に日々汗を流し続けた。

転機は休日出勤をしたときに訪れた。第二事業部の社員との会話で中川氏は偶然、商品をどれだけ生産しているのかについて、「社内の誰も把握していない」ことに気付いた。生産管理という考えがそれだけ薄く、危機感を持った中川氏は父に直訴。規模が小さくしかも赤字だった第二事業部にあえて異動した。「先頭に立って部署の改革を進めよう。そのほうが会社に貢献できる」と考えた。

課題が見つかるたび書店に足を運ぶ

当時の中川氏はサラリーマン生活を2年ほど経験しただけだった。このため、経営の知識が絶対的に不足していた。そこで父に助言を求めようとしたが、明確な答えは返ってこなかった。周囲に相談できる先輩経営者もいなかった。また、経営セミナーに参加したものの、参加できる日時が限定されるうえに手応えのないことが多かった。

最も頼りになったのが経営書だった。「何とかしなければと考えて本を読むようになった。読んで気付いたのは時間当たりの効率は本のほうがセミナーよりもいいこと。しかも本ならば値段がずっと安いし、読むタイミングも自由に選ぶことができる」と中川氏はそのメリットを強調する。

第二事業部の改革を進めながら、「生産改善」や「組織づくり」など、課題が浮上すると、そのたびに書店へ足を運んだ。いろいろな本を手に取りながら自社に役立ちそうな経営書を選び、読みながら解決策を練り続けた。「本を見つけては実践し、うまくいかなければ適用の方法を考えてまた、実践してみる。その繰り返しだった」と中川氏は振り返る。本を参考にしながらの経営改革は第二事業部での取り組みを経て、全社的な改革をするようになってからも続いた。

実際の経営に生かす上で、中川氏が本を選ぶ基準として重視するのは理論体系がしっかりしていることだ。経営書には、経営を改善するためのヒントが箇条書きにしてある本やポイントだけをまとめている本もあるが、中川氏は「問題を解くための知識ではなく、その分野の広い知識を本を通してしっかり頭に入れることによって自分で考えたい」タイプ。このため、体系的な知識を得ることに主眼を置いて本を探す。結果的に選んできたのは、原理原則を示すタイプの本が多い。

執務中は仕事に集中するため、本を読むのは家やカフェなどが多く、新幹線での移動中にも読んできた。読み進めてもピンとこない本は途中であっても読むのをやめる。一方、役に立つと思った本は、内容に気付きが多くいろいろなことを考えながら読むため、じっくり時間をかけて精読してきた。読みながら書き込みをすることも多く、特に気に入った本については内容をまとめてメモをつくり、そのメモはしばしば見返してきた。

本を参考に人事制度を改革

読んだ本は具体的な経営課題に落とし込んできた。例えば、人事制度については、松井証券で当時社長を務めていた松井道夫氏の『好き嫌いで人事』が最も参考になった。同書は少数精鋭主義の松井証券の人材マネジメントに対する松井氏の独特の考え方を示し、同時にそのための仕組みを明らかにしている。この本から、中川氏が特に刺激を受けたのは2つのことだ。

1つは評価の仕組みについての考え方だ。同書において松井氏は、松井証券の場合、社員の評価について、前年と比べて「横ばい」はない、と強調している。このため、社員の評価は「前年に比べて上がる」か「前年に比べて下がるか」のどちらかしかない。松井氏によると、「横ばい」とは「可もなく不可もなし」という評価であり、企業改革を阻む「変化を嫌う習性」はこうしたことから始まる。このため、できる限り避けるべきだ、と強調している。

中川氏が経営改革に乗り出す前、「奈良の田舎の中小企業」にすぎなかった中川政七商店は、社員のモチベーションが高いといえない状況だった。どれだけ仕事が残っていても、終業時間になるとタイムレコーダーの前に社員が並んですぐに帰宅することが多かった。「社員を変えたい」と思っていた中川氏は、そのための手段として松井氏の評価の仕組みに強く共鳴し、中川政七商店でも「横ばい」の評価をなくした。

松井氏の本から中川氏が学んだもう1つが、査定の方法だ。松井氏は同書の中で社員の査定について定量的に数字を積み上げるスタイルを廃し、面接を重視する「感性重視」の手法の意義を強調する。ただ、感情的な要素を入れると特定の人物の恣意的な考えに左右されかねない。それを避けるための仕掛けとして、松井氏は複眼的な評価の導入を挙げている。

松井氏の本を手がかりに、中川政七商店は人事評価に面談を取り入れ、中川氏は社長時、1年に2回ある全社員の人事考課に必ず同席するようにした。全社員に評価を含めたコメントも自分で書き、一緒に経営改革を進める人材を育てた。人事面で松井氏から多数のヒントを得た中川氏は「中川政七商店の人事制度の根幹には、松井さんの本で読んだ知識が生きている」と強調する。

市場におけるポジションをマトリクスで把握する

ブランディングでも本を参考にしてきた。最初のうち、特に役立ったのが、デザイナーで企画会社を手掛ける坂井直樹氏らが書いた『エモーショナル・プログラムバイブル』だ。中川政七商店では2001年、従来よりもシンプルなテイストの商品の販売を開始。しかし、思ったように成果が上げられなかった。新規顧客の開拓のために「新たなブランドの立ち上げが必要だ」と感じた中川氏は、坂井氏らの本を読みながらブランドづくりやデザインの在り方について考え始めた。

中川氏によると、同書の示す「エモーショナル・マトリクス」は、商品の市場におけるポジションを、コンサバティブからアグレッシブまでの「価値観」、ジュニアからアダルトまでの「感性年齢」のマトリクスによって分類し、その特性を理解することができる。実際にこの手法を使って自社のブランドや比較的近いと見なされる他社のブランドをマッピング。その結果、当時の中川政七商店の顧客層よりも若い層をターゲットにしたモダンな商品にこそ、市場開拓のチャンスがあることが分かった。「それならばこの市場に、自社の技術を生かしながら参入すればいいのではないか」と考えた中川氏は、ここに新たなブランドを立ち上げた。やがて、この新ブランドは中川政七商店が躍進する原動力になった。

中川氏が同書の示す分析で特にユニークだと思ったのは、人の好みはどんなアイテムでも結局、同じポジションにあること。例えば、クルマ市場をこの手法でマッピングしたときのポジションと、雑誌市場についてマッピングしたときのポジションは重なり合う。こうした考え方は中川氏に大きな刺激となった。そして、いろいろなアイテムを扱いながら一貫性のあるブランドをつくる上で、とても参考になった。

生産管理の面で中川氏にとって役立った本が、エリヤフ・ゴールドラット氏の『ザ・ゴール』だ。同書は事業のボトルネックがどこにあるかをストーリーで描いており、世界中でベストセラーとなった。中川氏は「同書が優れているのは、現場を変えていく雰囲気を伝えている点にある。会社を変えていくときの困難さがドキュメンタリー風に記してあり、リアリティーが非常に高い。同書を読むことで、課題を前にしたときもひるまずに、『やってやろう』という気分が高まった」と振り返る。

生産管理の具体的な方法については「シックスシグマ」関連の本もよく読んだ。中川氏が入社した頃、中川政七商店の生産管理は本に書いてあるのとは規模などがまったく違っていたが、エッセンスを理解しながら導入を繰り返し、成果を上げてきた。

経営書は大企業がモデルのケースが多く、中小企業などの場合には「そのまま使うのが難しい」と思う人が少なくない。それでも中川氏は「書いてある内容自体は試す価値がある」と実感している。また、経営者の中には、本に書かれた一部だけを取り出して実践するケースもある。しかし、中川氏の場合、まず本の通りにやってみることからスタートする。「星野リゾートの星野佳路代表も言っていたが、私もうまくいかないときには本に書かれている原理原則が間違っているからでなく、適応の仕方がよくないからだと捉えている。そんな場合は改めて本を読み、自社への当てはめ方を調整・修正してきた」と話す。

中川氏は長い伝統を破り、中川政七商店の創業以来、初めて非ファミリーの社員を後継者に指名。自らは会長となり、工芸業界全体についての取り組みや本業以外の新規事業などに軸足を置いて活動する。立場は変わったが、経営書を生かす取り組みはずっと続いている。楠木建氏の『ストーリーとしての競争戦略』もそんな1冊だ。中川氏は「競争戦略とは、それぞれの戦略が箇条書きにあるわけでなく、1つの面白いストーリーになっていることを具体的に示している点で興味深い。示唆するところが多く、非常に参考になった」と話す。これからも経営書を参考にしながら進む道を考えていく。

中川氏の「教科書」

『好き嫌いで人事』

松井道夫著

日本実業出版社

松井証券の
人材マネジメントに対する考え方を示し、
そのための仕組みを解説する

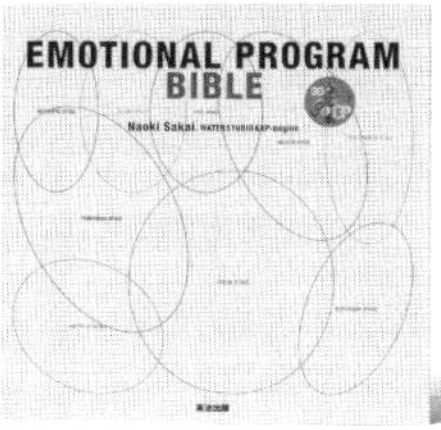

『エモーショナル・プログラム バイブル』

坂井直樹、
WATER STUDIO&EP-engine著

英治出版

コンセプター、坂井氏らが市場分析、
ブランド開発のための
マーケティング・メソッドを示す

『ザ・ゴール』

エリヤフ・ゴールドラット著

ダイヤモンド社

事業のボトルネックがどこにあるかを
ストーリーで描いた
世界的なベストセラー

スノーピーク会長兼社長　山井太氏

ファンが熱狂する経営、その裏側に「教科書」があった

アウトドア用品を手掛ける
スノーピーク会長兼社長の山井太氏は
毎年キャンプで多くの日数を過ごす。
山井氏は海外の経営学の論文などを25年以上読み続け、
いろいろな理論を経営の参考にして、
スノーピークを成長させてきた。

Profile

写真＝栗原克己

1959年生まれ。明治大学商学部を卒業後、外資系商社勤務を経て父が創業した現・スノーピークに入社。96年に社長に就任。22年から代表取締役会長兼社長執行役員を務める

働き方改革やライフスタイルの変化、最近ではコロナ禍も重なり、アウトドアのブームが続いている。アウトドア用品市場は米国発ブランドのほか、ホームセンターで販売するような廉価品も多い。

新潟県三条市に本社を置くスノーピークはハイエンドなクラスの製品を提供している。競合の2、3倍、あるいはそれ以上の価格帯が多く、年2回のイベントを除き原則として値引きはしない。高価格の象徴と業界で目されるのがテントを固定する際に使うペグだ。競合品は1本50～100円ほど。スノーピークは1本300円以上するがアスファルトを貫通するほどの強度が評価され、直近5年で約240万本を売っている。

熱狂的なファン、それが「スノーピーカー」

アウトドア用品は天候や季節、場所によって利用条件が大きく異なるため、何より頑丈で使い勝手がいいことが求められる。趣味で使うのでデザイン性も欠かせない。それらを満たせば通常は利益が出るはずだ。ただ、スノーピークはそれだけでないブランドの魅力を生み出して高級路線を走っている。繰り返し製品を買い続けてくれる熱心なファン層「スノーピーカー」を生み出す仕掛けは手が込んでいる。

ユーザーとスノーピークのスタッフが一緒に泊まりがけでキャンプを楽しむイベント「スノーピークウェイ」では、たき火を囲んで語り合い、一緒にキャンプを存分に楽しむ。イベントにはスノーピークの会員カードで「ブラック」や「サファイア」など、一定の累積ポイントを満たしている顧客だけが参加できるものもある。カードの階層は7段階で、上位になるほどポイントの付与率が上がり、非売品のオリジナル製品を獲得しやすくなる。こうした活動を通

スノーピークの製品。「スノーピーカー」と呼ばれる熱狂的なファンが成長を支える

じてユーザーがスタッフと顔なじみになっていく。

1度のイベントに参加する顧客は100〜150組だが、ブランドを形成していく過程で中核となるファンを育成できる。参加者は自らが高額の買い物をしてくれるだけではない。トップユーザーとして仲間を引き連れて来店したり、SNSなどを通じて口コミで製品の魅力を語ってくれたりする。高品質のもの、こだわりのものを好むアウトドアファンが集うメーカーという印象を外部に与えることができれば、次に集まる新規の顧客も同じような層が増える。狙うのは一過性のブームをもたらすことではなく、本当のキャンプ好きに繰り返し買ってもらう乗数効果だ。スノーピークウェイは、そのためのマーケティングの最重要の仕掛けとなっている。

本社を置く新潟の燕三条地区はものづくり工場が集積。同社は地の利を生かしながら、機能やデザインにこだわったハイエンドなアウトドア製品を開発する。本社は広大な自社キャンプ場の中にあり、いつでも製品テストを実施でき、スタッフは仕事が終わった後にそのままキャンプを楽しむこともある。売上高は約307億円（2022年12月期）となっている。

デフレからの本格的な脱却が進まない中で多くの企業が国内市場での価格戦略に腐心し

ていたときも、スノーピークはデフレにあらがい、売るべき価格を追求してきた。製品力を高めると同時に顧客とのコミュニケーションを重視。コアなファン層を広げる戦略に一貫して取り組んでいる。

エンパワーメントに取り組んだ理由

スノーピークの創業は1958年のことだった。現在、会長兼社長を務める山井太氏の父が燕三条地区で金物問屋として立ち上げた後、釣り具や登山用品などの製造・販売に事業を広げた。今のビジネスモデルの礎を築いたのが山井氏だ。山井氏は外資系商社を経て86年に入社し、社内外の技術を集約してアウトドア用品に参入した。毎年何十泊もキャンプをする山井氏はユーザー視点で機能性やデザインにこだわった製品を開発し、製品が少なかったハイエンドのアウトドア市場を切り開いた。ファミリーの後継者が新事業で次の成長に導く「ベンチャー型事業承継」の典型的なケースといえる。

ユニークな取り組みが目立つ山井氏は「私は経営を卓越した常識の固まりにすべきだと考えている。そのためには世界の経営学者の論文を読むのは有益であると考え、実際に経営に生かしてきた」と話す。

山井氏は早くから副社長として開発や営業を任されており、この段階ではトップダウン一辺倒で業務を進めていた。もともと多忙だったところに社長に就任して会社全体のマネジメント業務が加わり、さらに忙しくなった。ほぼ同じタイミングで地元の青年会議所の理事長にも就任し、従来のやり方で仕事を回すことが次第に難しくなった。

それまでの山井氏の働き方は一から十まで全部を自分でやらないと気が済まないという自己完結型だった。その分、ハードワーキングとなり、帰宅が深夜になることもしばしばあった。そんな生活で次第に体調が悪くなり、医師からは「働き過ぎだ」と言われた。社員も山井氏のジョブスタイルに影響を受け、会社全体に「なかなか帰れない」空気が広がっていた。

そんなときに知ったのが米国の経営学者、ケン・ブランチャード氏のエンパワーメント理論だった。社員に業務を任せることによってモチベーションを高めて業績アップを引き出す手法で、具体的には（1）仕事に必要な情報を共有することで、社員を責任を持って働く気持ちにする、（2）仕事の目的、目標を明確にしながら、社員が自分で管理する領域をつくる、（3）階層化した組織をやめ、自分たちで統率するチームに変える、という3つのステップを繰り返しながら、人が本来持つパワーを引き出していく。

エンパワーメント理論を知った山井氏はすぐに自社への導入を決断。まず「社内のすべての仕事に関わっていた」というそれまでの自らのワークスタイルを改め、自分の仕事を「業績を伸ばすことにつながる仕事だけにしていこう」と決めた。この基準に基づき、自分の抱えていた仕事の多くを社員に担当してもらう前提で権限委譲を進めた。

このときに考えたのは、失敗を恐れないことだったという。山井氏は「社員に新しい業務をどんどん経験してもらう以上、前向きにチャレンジした結果間違えるのは仕方がない。まずは任せることを優先した」と振り返る。これに合わせて、自分が不在でも事業が回るようにするために、数字で業務管理できる仕組みを矢継ぎ早につくると同時に、人材教育にも力を入れるようになった。任された社員には当初、戸惑いもあったが、続けていくうちに成長し、次第に適応していった。山井氏も自らのワークスタイルを変えながら新たに海外展開などに取り組み、これが次の成長に寄与していった。

エンパワーメントの推進に当たってネックになりやすいのが、導入の過程でなかなか成果が出ない局面が来ることだ。このことはブランチャード氏の著書『社員の力で最高のチームをつくる――〈新版〉1分間エンパワーメント』にも書かれており、「困難な時期」を乗り越えるには覚悟を固めて取り組む必要がある。逆にいえば、この段階で経営者がストレスを感じ、諦めてしまうとエンパワーメントによって成果を出すのが難しくなる。

ただ、山井氏の場合はエンパワーメントを導入し始めた頃、社外の案件が多く、社内にいないことが多かった。このため、エンパワーメントを入れたからといって、ストレスを感じる場面はほとんどなかった。その分、エンパワーメントの導入は思いのほか順調に進んだという。結果、今ではエンパワーメントはスノーピークにおいて、社員の働き方の根幹となっている。山井氏は「エンパワーメントによって海外も含めた全社員に当事者意識を持ってもらえるようにしている」と話す。

一方で、山井氏はトップダウンをすべてやめたわけではないという。「平時の業務は権限委譲した現場で適切に改善が進む状態が正しい。一方、ゲームチェンジするような場面ではトップダウンが必要になる」とみている。実際、2000年に流通を問屋経由から販売店との直接取引に切り替えたときには、トップダウンで戦略の変更を断行した。最近のコロナ禍においては社内に「非常事態宣言」を発令。宣言と同時に自らの給料カットなどを即決したほか、ユーザーや社員への感染を防ぐために、他のキャンプ場に先駆けて自社で運営するキャンプ施設の一時休業を決めた。

「トップダウンと、エンパワーメントによるボトムアップの両方が大切。どちらか極端に振れるのでなく、状況を見て判断すべきで、両方のバランスが大切だ」と山井氏は話す。

「ドラッカー本」は、ほぼすべて読破

ブランチャード氏と同時に山井氏が影響を受けたのが、米国の経営学者、ピーター・ドラッカー氏の著書だ。山井氏はドラッカー氏について「会社とはどういう存在であるのか、事業の本質とは何かなど、経営の常識となるセオリーについて、分かりやすい言葉で示している。ぼんやりと考えていることも本質を射抜いたシンプルな言葉で示してあるため、経営についての理解が深まる」と話す。ドラッカー氏の書いた本はほぼすべて読んでおり、今もさまざまな場面でその言葉を思い出すことがある。

山井氏が特にドラッカーに共感するのは、経営者には論理的思考に基づく行動と同時に感性に基づく行動が必要だと考えているからだという。「ドラッカー氏は経営に求められる『感性』も鋭く言語化している。ドラッカー氏の著作は、経営戦略を立てるための思考の基礎固めに最適だと思う」と山井氏は話す。

山井氏にとって、経営学は自社の経営に示唆を与えるだけでなく、それまでの取り組みを改めて理解するきっかけにもなっている。

「スノーピークウェイ」は1998年から開催しているが、そのきっかけは売上高がまだ5億円ほどだったとき、「熱心なユーザーとキャンプをして製品についていろいろな話をしたい」と考えたことだった。顧客と直接コミュニケーションを図る場として力を入れて取り組んできた結果、同社にとって不可欠なイベントに成長し、ユーザーに定着している。コミュニケーションを増やすためのキャンプイベントはユーザーから「こんな製品が欲しい」と聞き取りをする場にもなる。製品化に直結するケースもあり、ユーザーとの距離は一層縮まる。

コアなファン層を生み出す取り組みは、アフターサービスでも変わらない。損傷が激しく修理できないこともあるが、スノーピークのすべての製品は「永久保証」で、一切の保証書をつけていない。コストをかけても顧客が必要とするサービスを提供する。

山井氏は5年ほど前、経営学の論文を通して、こうした自社の取り組みを示す用語があることを知った。それが「カスタマー・エンゲージメント」だ。

カスタマー・エンゲージメントとは顧客とのつながりを深めていくことによって、付加価値性が高い関係を構築していくことを指す。山井氏にとって、それは自社の取り組みと完全に重なっていた。「自分たちがこれまでずっと取り組んできたことは、カスタマー・エンゲージメントだったのか」と思うと、感慨深かった。この論文を通して改めてその意味を理解した山井氏は「早くからカスタマー・エンゲージメントに取り組んできた先進企業として、これから何ができるだろうか」と考え始めた。

例えば、熱狂的な顧客を軸に磨いたブランド力は、周辺ビジネスへの進出にも役立った。2014年に始めたアパレルは、アウトドア店ではないセレクトショップに販路を広げた。企業向けにはテントを使ったアウトドア会議を提案。不動産デベロッパーとの共有キャンプスペースがあるマンションなど、外部との共同事業も目立つ。

同社は21年、本社の敷地を約5万坪から約15万坪へと3倍に拡張。22年にはここに温浴施設などを備えた複合型リゾートを開業した。キャンプ場を備えた本社を11年に建設したときから10年間温めていたプランであり、山井氏は「経営学を通じて経営の常識を知っているからこそ、それを踏まえながら常識外の挑戦ができると思う」と話す。

山井氏の「教科書」

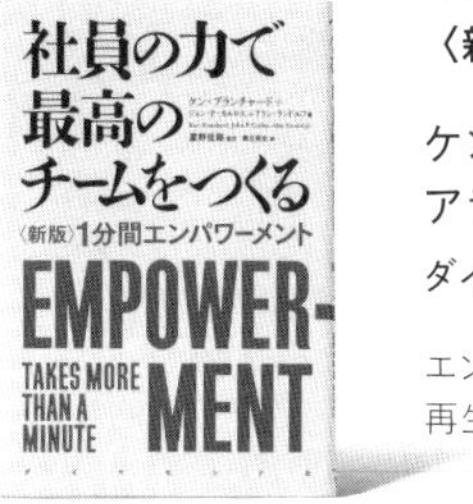

『社員の力で 最高のチームをつくる――〈新版〉1分間エンパワーメント』

ケン・ブランチャード、ジョン・カルロス、アラン・ランドルフ著

ダイヤモンド社

エンパワーメントによって組織を
再生する方法をストーリー仕立てで示す

『チェンジ・リーダーの条件』

ピーター・ドラッカー著

ダイヤモンド社

「ドラッカー氏は経営の常識となるセオリーを
分かりやすい言葉で伝える」(山井氏、
これまでに読んだドラッカー氏の本の1冊)

アステナホールディングス社長

岩城慶太郎氏

本を通して「人間とは何か」を学ぶことが経営に役立つ

ビジネスパーソンにとって教科書になるのは
経営学の本だけではない。医療品原料などを扱う
アステナホールディングス（ＨＤ）の
岩城慶太郎社長は、
政治学者・哲学者ハンナ・アレント氏の著作なども
読みながら、ビジネスの在り方を模索してきたという。

Profile

1977年生まれ。慶応義塾大卒業後、コンサルティング会社を経て、現アステナホールディングス入社。2017年社長就任。21年本社機能の一部を東京から能登半島の石川県珠洲市に移した

写真＝山岸政仁

能登半島の先端に位置する石川県珠洲市。岩城社長は、過疎化が進むこの地に2021年に本社機能の一部を移転。自らもこの地に活動拠点を移した。同社が開設した珠洲ESGオフィスには、岩城氏を含めたメンバーが所属している。アステナHDでは、今後も珠洲に滞在するメンバーを増やす予定だ。

珠洲を選んだきっかけは、航空券のマイルがたまったため、「何となく」能登半島を訪問したことだった。東京生まれの岩城氏は冬の日本海の風景に引き付けられた。ここから珠洲を時々訪れるようになり、それがやがて拠点を移すことにもつながった。

社会課題の解決で次のビジネス

新たな拠点と定めた珠洲をはじめ、地方の多くは人口減少や高齢化によってさまざまな課題を抱えている。岩城氏はこうした課題の解決が、同社にとって新しいビジネスにつながると考えている。「解決しなくてはならない社会課題がたくさんある。都会ではあり得ない課題や今のところ具現化していない課題もあるが、30年後の日本はこうした課題があふれるのではないか。そして課題がある以上、そこには解決するためのビジネスが生まれる」。

アステナＨＤには、地方において農業や医療サービスなど多様な事業プランがあり、岩城氏はこの地でまず事業のプロトタイプをつくり、それを日本中に広げる構想がある。「珠洲で立ち上げる一つひとつのビジネスは１０００万円以下の小規模であっても、同じような場所は全国に４００カ所はあり、この地でプロトタイプができれば４００倍にレバレッジできる」と岩城氏はみている。

そのために地域とのネットワークもつくりながら、新たな取

石川県珠洲市にあるアステナホールディングスの拠点（写真＝山岸政仁）

り組みの最前線に自ら立つ毎日だ。仕事はオンラインでできるため問題はなく、生活もインターネットを活用すれば手に入らないものはほぼない。むしろ採れたての新鮮な食材など東京で手に入らないものがすぐ手近にあり充実している。

思い切ったチャレンジの背景には、それまでの経営改革の積み上げがある。能登半島に拠点を移すまでに、岩城氏は10年ほどかけて事業ポートフォリオの組み替えを進めた。ホールディングス化も実施しており、既存事業について経営体制を強化してきた。

『人間の条件』から豊かさを考える

一連の改革の次のステージに当たるのが、能登半島に拠点を移してのチャレンジだ。岩城氏は「これからは、新しい事業ドメインを能登半島からつくりたい」と意気込んでいる。具体的には既存事業の2つのドメイン、つまり「産業のサステナビリティーを高めるためのプラットフォーマーのビジネス」「保有している技術のサステナビリティーが高まるニッチトップのビジネス」に加えて、「社会のサステナビリティーを高めるソーシャルインパクトのビジネス」をつくる考えだ。

珠洲に拠点を移そうと決めた1年ほど前。岩城氏が読んだのが、政治学者、哲学者のハンナ・アレント氏の『人間の条件』だった。同書を選んだ理由について、「これから珠洲で取り組むのは人々の暮らしを豊かにすることになる。だからこそ、『人間の条件』を通じて豊かさとは何かを考えておきたいと思った」と岩城氏は振り返る。

同書は「労働」「仕事」「活動」の3つが人類の歴史にどう関わってきたかを描いている。大衆社会の思想的系譜を明らかにしようしたとされるアレント氏の主著の1つとして知られるが、その分専門性が高く、読みやすいわけではない。岩城氏は「内容が難しくすべてを理解しているとは言えない」としつつも、「同書でアレント氏は豊かさについての定義を試みている。豊かさにはコミュニティーやロイヤルティーが大切だ、と気付くことができた」と話す。

岩城氏の理解では、対価を伴う「労働」よりも、報酬を伴わない「仕事」と「活動」のウエートが高い人は実は豊かな人生を送ることができる。「それを踏まえて考えると、珠洲では『仕事』と『活動』の割合が高く、だからこの地の人たちは豊かなのだ、と理解した。これから自分がここでやろうとしているのは、社会課題を解決してこの地の人たちをもっと豊かにすること。こう考えると、もっと豊かにするときに『労働』を増やしていっては、人間の本質的な豊かさであるはずの『仕事』と『活動』が手薄になる。このため、『労働』で解決するのでなく、報酬を伴わない『仕事』と『活動』をうまく使いながら進める必要がある」。心理的報酬によって人が動いてくれるのがコミュニティーの力であり、企業にとってはロイヤルティーがカギになる。同書を通じて得た発想を珠洲でスタートするビジネスに生かしていく。

「未来を学ぶため」に読む本とは

岩城氏は同社に入る前、外資系コンサルティング会社に在籍していた。このため、大学在学中も含めてさまざまな経営学の教科書を読んできた。こうした本を読み進めるうちに、「経営学の教科書にあるのは過去のベストプラクティスであり、そのままやってうまくいくかといえば、たぶんそうではない。また、理論ができた瞬間から古くなる。過去のことは学べても、未来は学べないのではないか」と思うようになったという。

多くの経営学の教科書を読んできたため、新たな教科書を前にしたときも実は既知の内容が少なくない。このため、経営学の教科書の場合、最近はまず10分ほどかけて目次をじっくり読むことから始める。その上で内容がはっきり分からない項目に絞り、概要を拾うようにしながら目を通すことが多い。

これに対して「未来を学ぶため」に読むのが、人類の歴史や考えてきたことなどについて書かれたいろいろな分野の本であり、アレント氏の著書もここに含まれる。岩城氏の考えでは、経営が人によって成り立っている以上、どれだけ優れた戦略があっても、人間の行動を深く知らない限り、戦略などを実行しても効果を十分発揮できない。こうした発想から「人間の思想の歴史延長線上に一体何が見えるか」に興味を持ってきた。

「例えば、2割の人はどんな方法でも動き、別の2割はどんな方法でも動かないとすると、残りの6割の人がどれだけ動くかが経営にとって大切。そのためには『人間は長い歴史の中でどんなことを考えてきたのか』『広い意味で人間とはどんな存在なのか』といったインプットが欠かせないと思う」と岩城氏は話す。こうした本は目次だけ見ても内容が分からないため、じっくり時間をかけて読んでいる。

興味は多岐にわたり、儒教についての本を何冊もまとめて読んだこともある。きっかけは取引先である海外の著名企業の幹部が退社後、大学で儒教を学び始めたことだった。この元幹部から「日本も儒教の国ではないか」と聞かれたときに、岩城氏はあやふやにしか答えられなかった。これを機会に儒教についての本を読んでみようと考えた。読み進むうちに儒教と武士道、商売の在り方の関係などに興味がどんどん広がっていった。

岩城氏によると、儒教は死生観から生まれた宗教であり、親から連綿と続いてきたことをしっかり残すために、どうすべきかを説いてきた。しかし、日本においては江戸幕府が朱子学を取り入れたとき、考と忠をひっくり返した。そして、親よりも幕府のほうを優先する教育を始めたという。そしてそれが、その後の日本人の考え方に染み付いている。「日本人はどういう価値の判断基準を持って生きているのかを学ぶためには、儒教のいろいろな本を読んだことがすごくいいきっかけになったし、組織のマネジメントを考える上で参考になっていると思う」と岩城氏は話す。

どんな本も最終的にビジネスにフィードバックすることが大切だと考えている岩城氏は、多様な読書体験を経営の参考にしていきたい考えだ。組織は人によって構成されている以上、人間の行動にアプローチできない限りはどんなに素晴らしい戦略であっても実践できない。「そのために人の癖や思想をインプットすることが自分にとってはすごく大切」と話している。

岩城氏の「教科書」

『人間の条件』

ハンナ・アレント著

筑摩書房

「労働」「仕事」「活動」の3つが
人類の歴史にどうかかわってきたかを描く

『対訳 武士道』

新渡戸稲造著

朝日新聞出版

新渡戸稲造が英語で物した
世界的ベストセラーの
英語原文と対訳を掲載している

『儒教とは何か 増補版』

加地伸行著

中央公論新社

儒教を死と結び付いた
宗教という視点から問い直す

『都鄙問答』

石田梅岩著

中央公論新社

石門心学の創設者である石田梅岩が
商人の心得などを語る

一橋大学商学部教授
沼上 幹氏

優れた経営者ならば、〝自分の業界以外〟でも鋭く分析できる

Profile

1960年生まれ。一橋大学社会学部卒、同大学院商学研究科修士課程修了。2000年4月から現職を務める。著書の『液晶ディスプレイの技術革新史』は日経経済図書文化賞を受賞している

経営学は経営にまつわる概念を企業や業界の枠を超えた「言葉」にした上で、言葉と言葉の関係について論理的にフレームワークをつくり、何が効果的かを実証的に測定します。企業経営に直結したことを研究しており、現象と概念の往復が比較的容易ですから、経営学と実際の経営との間に距離やギャップを感じることはありません。

経営学者の役割の1つは言葉を提供していくことです。例えばクレイトン・クリステンセン氏の「破壊的イノベーション」という言葉が出てくるまで、イノベーションは「経営資源に技術的な蓄積があるかどうか」や「ラジカルな技術革新かどうか」がポイントだと考えられてきました。しかし、破壊的イノベーションという言葉によって、一見すると既存の技術の評価基準では劣っているようなものが出てきたときにこそ破壊的な影響を及ぼす確率が高いことが示されました。新たに言葉がつくられたことによって、経営者が意識すべきポイントが変わりました。

言葉はそれだけ重要であり、経営学を使いこなすためには、言葉を理解しなければ前に進むことができません。例えば差別化という言葉を知らなければ、競争戦略を考えることはできないでしょう。ただし、言葉を覚えたからといってすぐに経営学を使いこなせるわけではありません。これは英語の単語を覚えたからといって、すぐに話せるわけではないのと同じことです。英語を話すには単語と文法、発言したいと思っている内容とを結び付けながら、表現を考え続けなければなりません。経営の行為も同じことです。経営学の場合も、その言葉で目の前の現象の分析をとにかく繰り返すうちに、どんな手を打てばいいかを理解していきます。実際に戦略を遂行するには、目の前の現実の本質を把握して、自分自身でセオリーをつくる力が不可欠です。そのセオリービルディングのスキルは経営学だけでなく、それ以外の社会科学のトレーニングでも身に付けることができます。私は現場でその都度、独自の戦略・独自の仮説を構築できる人物を「オン・ザ・スポット・ストラテジスト」呼んでいます。

オン・ザ・スポット・ストラテジストは「マン・オン・ザ・スポット」（そのときその場にいる人）というフリードリヒ・ハイエク氏の言葉をもじったものです。ハイエク氏はマン・オン・ザ・スポットという言葉を使いながらマーケットが機能する理由を「現場にいる人が目の前の情報を最大限に利用する仕組みだから」と説明しました。私も、そのときその場にいる人がそれぞれ独自の仮説＝戦略を創造するから、企業活動が成功し、資本主義市場経済がうまく機能する、という意味でオン・ザ・スポット・ストラテジストという言葉を使っています。

さまざまな変化に対応できる

私の頃にはマーケティングの基本である「4P（プロダクト、プライス、プレイス、プロモーション)」を知らない管理職がかなりいました。それが今では経営学的な視点を取り入れて合理的な経営をする人が一般的になり、層としての厚みが増していると思います。

現場のたたき上げの経営者の中には、自社の業界で使い慣れた用語で分析して対策を立てる人がいます。この場合、業界のビジネスモデルが変わると、その用語自体が有効でなくなり対策も打ち出せないことがあります。一方、経営学の言葉は企業や業界の枠を超えて一般化されたものですから、さまざまな変化に対応できます。私が担当する企業のエグゼクティブ向けのプログラムは戦略失敗のケースを扱いますが、優れた経営者は自分の業界でなくても経営学の言葉を活用しながら鋭い分析を示します。

ビジネススクールのMBA（経営学修士）コースの出身者には、時々「教科書は実践で使っていない」という人がいます。経営学が体に溶け込んで意識しなくても使えるようになっていることが多いからだと思います。もともと経営学を学んだだけで経営ができるということではなく、経営学を学んだ後で経営の実践を積み重ねることで、適切な学習が促進され、経営学の知識が血肉化して経営の力量が高まっていくということだと思います。

経営学では研究の進展によって、自分自身の経験や、昔習った経営の常識とは違う成果が次々に上がっていますから、経営者はその動向にも気を配るべきだと思います。

例えば、生産性を上げるために何が最も効果的かといえば、旧来から実証研究で金銭的インセンティブがベストであり、その次が目標設定であることが統計的に明らかになっています。一方、これまで有効と考えられてきた権限委譲については、実行してもそれだけでは効かないことが研究から明らかになっています。

マーケティングでも注目すべき研究が出てきています。市場を4Pで考えるターゲットマーケティングがこれまで一般的でしたが、オーストラリアのバイロン・シャープ氏はマーケットシェアを持つ大きなブランドを分析。顧客層は常に入れ替わりがあり、たまにしか購入しない顧客も市場シェアの大きな部分を占めるため、ターゲットを絞り込むマーケティングでは大きなブランドを育てられないことを明らかにしています。市場シェアを維持するには入れ替わる分だけ毎年新たなユーザーを獲得する必要があり、ここからターゲットにフォーカスするだけでなく、ライトな購買層からもシェアを取りに行かなければならない、という結論を導き出しています。こうした最新の成果も経営に生かすべきだと思います。（談、2023年4月から早稲田大学教授）

沼上氏が薦める本

『イノベーションのジレンマ』

クレイトン・クリステンセン著

翔泳社

破壊的イノベーションの
メカニズムを提示する

『ブランディングの科学』

バイロン・シャープ著

朝日新聞出版

新しい視点からマーケティングや
ブランドの育成方法を提案する

『一橋MBA戦略ケースブック』

沼上 幹、
一橋MBA戦略ワークショップ著

東洋経済新報社

経営学のツールによって、
企業の戦略を具体的に分析する

教科書と
どう付き合うか

Interview

［インタビュー］

エコノミクス
デザイン

「経済学の成果を経営に生かす」会社を立ち上げた理由

エコノミクスデザイン代表
今井 誠氏

同社共同創業者・
慶応義塾大学経済学部教授
坂井豊貴氏

Profile

エコノミクスデザインはビジネスサイドの今井氏と坂井氏ら経済学の研究者3人が2020年に創業。経済学に基づくコンサルティングと教育を手掛ける
（今井氏＝左、坂井氏＝右 写真＝栗原克己）

経済学の成果を経営に生かす動きが米国などで進む中、国内で実務者と経済学者が共同で立ち上げたのがエコノミクスデザイン（東京・新宿）だ。経済学に基づくコンサルティングと教育を掲げており、注目が集まる。共同創業者で代表を務める今井誠氏と、共同創業者で慶応義塾大学経済学部教授の坂井豊貴氏に狙いや現状を聞いた。

――経済学をビジネスに実装する取り組みを進めています。

今井誠氏（以下、今井氏）：私はもともと不動産のオークション事業を手掛けていました。他社と差異化する方法を探っていたとき、米国のＩＴ大手が経済学者を採用していることを知りました。調べてみると米国では経済学の知見をビジネスに取り入れるのが当たり前。しかし、日本ではそうした動きがほとんどありませんでした。国内でも学知のビジネス活用を進めようと、経済学者と２０２０年６月に共同創業したのがエコノミクスデザインです。法人向けにコンサルティング業務を、個人・法人向けに「ビジネス特化の経済学」スクールを提供します。

学問は、その性質上、ビジネスで強力に働くと実感しています。何よりも再現性があるので成功を再現できるし、データから学べば、独善や思い込みに陥らないため失敗を再現せずに済みます。こうした取り組みで先行する米国では、例えばアマゾン・ドット・コムやグーグルを運営するアルファベットは、会社の内部に経済学者を抱えています。一方、当社は経済学者が共同創業者となっている会社であり、海外にもあまりないと思います。

坂井豊貴氏(以下、坂井氏)：米国では経済学の博士号を持つ人がどんどん企業に入る流れができていますが、日本の企業は経済学博士をあまり雇おうとしていません。それならば経済学者が集まった会社をつくり、企業から仕事を依頼してもらう形のほうが日本社会になじむと思いました。

――コンサルティングはどのような手順で進めるのでしょうか。

今井氏：企業からはさまざまな依頼があります。まずいろいろな話をしながら抱えている問題を分解し、どんな研究テーマに近いかを整理するところから始めます。その上で、社内の専門家メンバーから担当者や担当分野を決め、案件を進めていきます。

坂井氏：私が最近よく関わるものでいうと、問い合わせや依頼が多いのが「レーティング関数」の設計です。商品に点数をつけるレーティングサービスはいろいろな企業がネット上で展開していますが、偏りのない仕組みをつくるのがなかなか難しい。これはさまざまなバイアスがあるからで、例えば、レビューする人が少ない商品はレーティングの信頼性が少し下がる分、それを数値でどう表現するかには工夫が必要です。また、「高い点数ばかりつける人」も「低い点数ばかりつける人」もそれぞれバイアスになります。このとき、経済学の学知を生かしてバイアスを除去するアルゴリズムをつくれば、企業はレーティングの信頼性を高めることができます。最近ではグルメサイトのレーティングの在り方を巡る訴訟も起きていますし、レーティングの妥当性をきちんと説明ができることがますます重要です。

経済学では厚生経済学に指標づくりという要素が組み込まれており、研究の歴史があります。例えばＧＤＰ（国内総生産）は国の豊かさを表す指標として知られていますが、「もっとよい指標はないか」という声が１９７０年代からあり、指標づくりには長い議論の蓄積があります。国連開発計画（ＵＮＤＰ）が採用を始めた（平均余命指数、教育指数、国民総所得指数から算出する）「人間開発指数」はその例ですが、こうした知見を企業のレーティングにも生かします。

今井氏：既存のコンサルティング会社と違う点は、経済学博士ならではの幅広い専門知をビジネスに生かすことです。レーティングといえば通常メジャーなアルゴリズムになりやすいのですが、それだけでは十分と言えないこともあります。最先端の研究成果や、古くからある研究の中から「これは」というアルゴリズムを組み合わせて適用します。

――理論を実践に移す上で難しいのはどんな点でしょうか。

今井氏：企業の課題を分解し、経済学のうちどの分野の知見を生かすか見当をつける部分については、私が担当しています。いわばコーディネーター役です。経済学とビジネス双方の知識が必要で、ここで間違えると課題が解決できません。また課題を解決するには、いくつもの分野の知見を掛け合わせる必要もあり、まるで「総合格闘技」のような面もあります。現場をたくさん見て、この研究はここで使えると知ることも、とても大切です。

坂井氏：いったん見当がつけば既存研究を丁寧に調べると、必ず参考になる知見があますから、この点について問題はありません。依頼先の業務に直結する以上、「実際に使える設計図」をつくって提案しますから、私のイメージではコンサルティング会社というよりは建築事務所に近い印象です。

気を配るのは、企業にどう信頼してもらうか、です。例えば、医師が患者に信頼してもらうには結局、人間として信頼してもらうことが大切なステップでしょう。経済学者も同じです。信頼してもらえなければ、専門知に基づいた提案をしても、採用してもらえません。このため、現場に入るときには、企業の担当者と対面で会うことを重視しています。雑談の中には担当者が「教えなくてもいい」と思っていたことが、実は重要な情報だったというようなこともしょっちゅうあります。

マネジメント層は広い知識を持つべきだ

――マネジメント層はどうしたら経済学者とうまく付き合えるでしょうか。

今井氏：学部生レベルでもいいので幅広い知識はやはりあるといいと思います。

ただ、深く知る必要はなく、それは深く知る人に聞けばいいでしょう。

坂井氏：特に興味のある分野は関連する新書などを読んでおくといいでしょう。やはり最低限の基礎知識があると専門家をうまく使いやすいと思います。これは弁護士に相談するとき、相談の論点や文脈を押さえておくと弁護士の回答の質が格段に上がるのと同じことです。専門家を使う場合、丸投げできると楽に見えますが、100%丸投げすると実は効率が悪いのです。むしろ基礎的なところを押さえて話したほうが効率的です。

――経営との関係では経営学もありますが、経済学と経営学の違いとは。

坂井氏：経済学はものの値段、価格はマーケットで決まることを重視するため、市場機構を分析する傾向があります。経営学は、価格は人が付ける以上、どうしたら高い価格が付けられるのかという点から深掘りします。ただ、私も今井も経営学を学ぶ商学部の出身ですし、エコノミクスデザインは学問の分類にこだわっていません。使えるものは何でも使うのが経済学の発展の過程であり、こうした態度こそ経済学者的だと思います。

今井氏：経済学者から見るマーケティングの世界観と、商学系の経営学から見るマーケティングの世界観は重複するところもあればそうでないところもあります。両方を生かせばカバーできる範囲を広げることにつながります。課題に対してできることを増やせるのですから、私たちにとって学問の垣根はありません。

坂井氏：例えば人事評価の仕組みをつくる場合、経営学の組織論や教育学の知見を取り入れます。いろいろな分野の文献を生かすのがエコノミクスデザインの業務の仕方の1つの特徴だと思います。

経済学が活躍する場面は増えている

――一昔前まで「経済学は使えない」といった言い方をされることもありました。

坂井氏：活躍の場面は増えていると思います。経済学が発展して使えるようになったという言い方も正しいのですが、社会の変化がやはり大きいと思います。コンピューターやインターネットの普及によって世の中はどんどん経済モデルに近づいています。

例えば、以前は商品価格の比較は限られた範囲でしかできませんでした。しかし、最近は価格比較サイトによって容易になっており、経済が完全競争モデルに近づいています。また経済学には輸送や流通コストを無視あるいは軽視しているという批判がありましたが、例えばアマゾン・ドット・コムなどで商品は短時間に届きますし、有料のプライム会員ならば注文のたびに配送費を払う必要がありません。これも一面としては、経済学が完全競争モデルに近づいていると言えるでしょう。プラットフォームサービスの場合、顧客情報を見ながらさまざまな実験もしやすくなっているところもあります。

今井氏：まだまだ過小評価はありますが、同時に過大評価もあります。例えばそもそもある程度のデータが蓄積していなければ正しい分析はできません。膨大なデータがあっても、適切に集めていないと経済学で解決するのは難しい。できることとできないことについて、企業によってまったく違うこともあります。

坂井氏：富を生む源泉は物資や工場といったフィジカルな資源から、ここ四半世紀ほどで知識や情報といった無形資産に移り変わっています。無形資産についての実証研究がたくさんあるのに、その知識を活用しないのは企業にとって致命的なダメージになる時代だと思います。学び続けないとサバイブできない時代に入っています。

――課題や今後の展望について教えてください。

今井氏：エンジニアリングを含めて企業にソリューションを提供するコンサルティングと同時にエデュケーション事業も掲げています。ビジネスパーソンの基礎教養として、ビジネスに直結した経済学の幅広い基礎知識を習得できる環境に持っていきたい。経済学の基礎知識をビジネス教養の土台におかないと、米国との差が縮まらないと思います。

坂井氏：日本に優れた経済学者はたくさんいますが、実務でお客様の役に立ちたいと思う人はそう多くはないと思います。今後はサービス精神の強い経済学者をスカウティングするのが課題になってくるでしょう。（談）

今井氏、坂井氏が薦める本

『ビジョナリーカンパニー』

ジム・コリンズ、ジェリー・ポラス著

日経BP

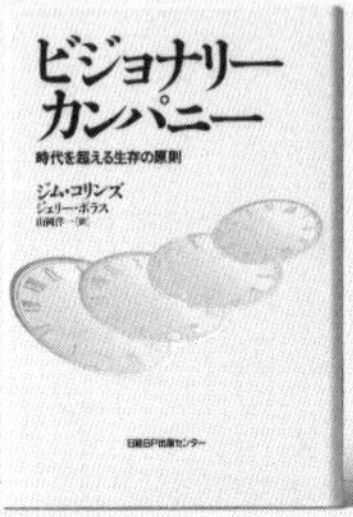

「永続企業を目指すための心構えとして、
このシリーズはとても参考になる」（今井氏）

『金持ち父さん　貧乏父さん』

ロバート・キヨサキ著

筑摩書房

「経済的自立について書かれているが、
企業としてもお金を稼ぐ仕組みという概念は、
学知を活用するというところに相通じる」
（今井氏）

『FACTFULNESS（ファクトフルネス）』

ハンス・ロスリングら著

日経BP

「データをきっちり分析するということを
理解するために一読を薦める」（今井氏）

『金融工学者
フィッシャー・ブラック』

ペリー・メーリング著

日経BP

「ブラックは経済学をビジネスに実装した開祖の1人。この本は彼の評伝で、経済学者の企業での役割について示唆に富む」（坂井氏）

『NFTの教科書』

天羽健介、増田雅史編著

朝日新聞出版

「売買市場やコミュニティーの設計は、経済学の知見が活きる分野」（坂井氏）

『人はなぜ集団になると
怠けるのか』

釘原直樹著

中央公論新社

「個人の能力を、集団の能力として生かすためには、入念なメカニズムデザインが必要であることを示す」（坂井氏）

3章

教科書で会社づくり

I-ne社長 大西洋平氏

大人気シャンプー「ボタニスト」2冊の本と1本の論文で成長軌道に回帰

グローバルブランドがひしめくヘアケア市場において、I-ne（アイエヌイー）は「ボタニスト」がシェアを伸ばし、関係者の注目を集める。トップも幹部も経営にまつわる本を教科書として活用しながらユニークな取り組みを進める。

Profile

写真＝宮田昌彦

1982年生まれ。立命館大学在学中から起業家として活動。2007年にI-ne設立。同社は20年に株式公開

2007年設立のI－neは効果的にSNSを生かしながらブランドづくりを進める企業として知られる。ファブレスのメーカーであり、シャンプーなどのヘアケアやボディーソープ、スキンケア商品のほか、ヘアアイロンなどの美容家電も手掛ける。同社の「ボタニスト」ブランドはヘアケア製品の売れ筋上位にいくつも入っており、人気が高い。

本と経営について、社長の大西洋平氏は「本が経営に生きている部分は絶対ある。本がすごいのは、著者が何年も何十年も考えたことが数千円で手に入ること。ものすごくコストパフォーマンスがいい」と話す。本を読んで気付いたことなどは随時、社員に発信し共有している。読書のペースは時期によって違い、「多いときには週に2、3冊読むが、2、3カ月本を読まないこともある」という。読む本は経営者の集まりで紹介し合う中から選ぶことが多いが、関心を持った分野はレビューやランキングなどを参考に選ぶこともある。

興味を持ったもののあまり知らない分野の場合、その分野の本をひとまず3冊買い、少し読んだ上で一番役立ちそうな本をじっくり読む。電子書籍での読書が基本で、米アマゾンの電子書籍端末「Kindle（キンドル）」を活用。「持ち運びやすいし、メモ機能なども使いやすい」。読む時間は移動時間のほか、午前5時30分の起床後に読む日も少なくない。「朝は静かで1時間ほど読むのにちょうどいい」。ユニークなのは別のテーマの2、3冊を同時に読むこと。ハードな内容の本と読みやすい本を組み合わせ、それぞれを読み進める。

創業したばかりの頃は、ビジネスのノウハウについての本を読むことが多かった。しかし、こうした内容はインターネット経由によって無料で読める機会が増え、本で読むことは減っている。代わって増えているのは、その時々の課題に合った本だ。

「3枚セット」のシナリオを徹底

創業以来、順調に業績を拡大したＩ－ｎｅだが、２０１７年頃、踊り場を迎えた。理由は急速な事業拡大で数十人だった社員が一気に３００人ほどに増え、社内体制が追いつかなくなっていたこと。組織内の「目詰まり」が起き、ヒット製品も生まれにくくなった。

そんなとき経営者仲間から「参考になる」と紹介されたのが、当時ミスミグループ本社取締役会議長だった三枝匡氏による『ザ・会社改造』だった。同書は三枝氏が12年間にわたって仕掛けた改革の歩みを記している。同書を読んだ大西氏は「三枝氏が直面していた課題はＩ－ｎｅの課題と重なる」と気付き、同書を参考に自社の改革に踏み出した。

まず行ったのが同書に書かれたすべてをしっかり理解し共有すること。そのために幹部に記述してある内容を項目ごとに整理してもらい、パワーポイントの資料としてまとめた。膨大な枚数の資料が完成すると、そこに自社の状況や企業データも落とし込んだ。

同書によると、リーダー能力の切れ味は「3枚セット」のシナリオをいかに的確かつ迅速につくるかにかかっている。具体的には、1枚目が「現状認識・反省論」で、現実を直視することで問題の本質と向き合い強烈な反省をし、複雑な状況の核心に迫る。2枚目が「方針・戦略」であり、1枚目で明らかになった問題の根源を解決するための改革シナリオや戦略などを策定する。3枚目が「アクションプラン」で、2枚目に基づいてアクションプランをつくり動き始める。大西氏はこの通りの手順で社内の課題を1つずつ丁寧に見つめた。その意義について「うまくいってもそうでなくても、一つひとつ振り返るのがとても大切。1枚目を通して社内に振り返りのカルチャーが生まれ、2枚目、3枚目を通じて徹底されるようになった。今は社内の仕組みやシステムに落とし込んでいる」と話す。

大西氏は三枝氏の考え方に引き付けられ一連の著作はすべて読んでいる。小さい組織に任せる「スモール・イズ・ビューティフル」という考え方や、「戦いの場」を絞り社内のエネルギーを「集中」する「『絞り』と『集中』」も取り入れながら改革を加速した。「読んだ通りに進めた結果、コンサルタントに入ってもらったのと同じことができた。その内容は数千万円の価値があると思えるほど。すごい本だ」と話す。

大西氏がこの時期、同時に読んで実践したのが、経営学者ラリー・グレイナー氏の「企業成長の〝フシ〟をどう乗り切るか」という論文だ。企業の成長段階の特徴とそれに沿った課題を示す「5段階企業成長モデル」で知られ、経営者仲間から「読むべきだ」と聞いたことがきっかけになった。1970年代の論文だが、「『知り合いのコンサルタントから『組織の成長とぶつかる壁はどの企業も似通っていて原理原則は同じ』と聞いていたし、書いてある内容も違和感がなかった。その分、気付きが多かった」と大西氏は話す。

同論文は縦軸を組織規模、横軸を組織の年齢とした上で、企業が生まれてから成長する過程を「創造性」「指揮」「委譲」「調整」「協働」の5段階に区分している。大西氏によると、当時のＩ－ｎｅは「指揮」における「自主の危機」、「委譲」における「統制の危機」が同時に押し寄せており、成長の足を引っ張っていた。そこでグレイナー氏の論文を参考にしながら進むべき道を確認。これに基づいて評価制度、経営理念、教育制度などのつくり直しに乗り出した。また、同論文からは、さらに成長したら今後、どんな課題が浮上するかも分かる。同論文によると「指揮」「委譲」の先にある「調整」による成長が進むと、今度は革新の気勢がそがれる「形式偏重主義」の危機がくる。大西氏は「これまでに、〝全社アイデア起案コンテスト〟の実施や社員のＶＡＬＵＥ（行動指針）に〝Ｉｎｎｏｖａｔｏｒであること〟を盛り込むなど、形式偏重主義の危機を乗り越える準備はしてきたが、何も対策しなければこの論文の示す通りになる感覚は確かにある。このため、スモール組織をたくさんつくるなどイノベーションを起こす施策も必要となる」とみている。

三枝氏の著書やグレイナー氏の論文を実践に移すには、徹底したＫＰＩ（重要業績評価指標）の管理が欠かせない。Ｉ－ｎｅはすべての部門について重要目標達成指標（ＫＧＩ）と中間目標の関係をロジックツリーに落とし込んだＫＰＩツリーをつくったが、役立ったのが中尾隆一郎氏の『最高の結果を出すＫＰＩマネジメント』だ。幹部が見つけて共有した本で、大西氏は「細かなところまで書いてあり実践度が高い」と話す。ＫＰＩでは社員にしっかり理解してもらうため、動画を活用したり、テストを実施したりする工夫も独自に加えた。２冊の本と１本の論文を軸に改革を進めた結果、着手から２年目の後半頃から売り上げが伸びる仕組みが定着し、Ｉ－ｎｅは再び成長軌道に回帰した。

このところ強く意識するのが、企業の成長と社会課題の解決の両立だ。大西氏によると、日本はお金をもうけること＝悪のような捉え方がどこかにあり、一時、「自分もお金をもうけているだけではないか」と悩んだ。しかし、２冊の本をきっかけに「会社のキャッシュや個人資産を増やせばその分、社会課題にお金を投入できる」と気付いた。

1冊は米マイクロソフト創業者であるビル・ゲイツ氏の『地球の未来のため僕が決断したこと』。同書は「気候大災害」を回避するために何をしなければならないかを、問題の種類を分類しながら示す。「成功した起業家が私財を投じてリアルに社会課題の解決に向かって考え、発信している。ビジネスと社会課題の解決が両立できることを知り、刺激を受けた」。もう1冊は米国の環境保護活動家・起業家・作家のポール・ホーケン氏による『ドローダウン』だ。同書は「地球温暖化を逆転させる100の方法」がテーマで、「社会課題の解決について、ファクトがひたすら

I-neの執行役員を務める藤岡礼記氏（左）と今井新氏（写真＝宮田昌彦）

書いてあり、とても参考になる」。2冊を手がかりにI－neは事業の成長と社会課題の解決の両立という視点から、売上高の一部を活用した森林保全活動を北海道で始めるなど、さまざまな活動に力を入れる。大西氏は「売上高、利益を上げて経済を回すこと自体が社会課題の解決につながるという考え方もあるが、私は事業と社会課題解決を両軸で進めたい。売上高、利益を伸ばしながら社会にもいい影響を与える時代になっている」と話す。

「妄想」と「データ」のバランスを考える

I－neは幹部もそれぞれの視点から本を経営に生かす。大西氏は大学在学中に自ら作ったTシャツをモバイル経由で販売する事業をスタート。大学時代の友人や、そのバンド仲間が集まり、若い感性を生かしながら商品開発を行い事業を伸ばした。創業期のメンバーは幹部としてI－neを支える。執行役員の藤岡礼記氏はその1人。藤岡氏によると「大手がマーケティングのデータをフル活用しながら商品開発するのに対し、当社のボタニストはそれまでのシャンプーへの違和感という感覚の部分からスタートしている」という。

企業規模が成長する中、I－neは3、4年前から事業の成功確率を高めるなどのため

「感覚を生かした経営」から「データを生かした経営」への転換も進めてきた。しかし、データの積み上げではやはり資本力のある大手が強く抜け出せない。このため、藤岡氏は自らの担当である販売面で悩んでいた。

そんなとき、藤岡氏が友人に勧められたのが佐宗邦威氏の『直感と論理をつなぐ思考法』だ。藤岡氏によると、同書のキーワードは「妄想」。企業は売上高や競合の動向などのデータばかり見ると「何がしたいのか」を見失いかねない。むしろ、結果を出し続ける企業には、根拠があると言えない「直感」や「妄想」があるとするのが同書の見解であり、「直感」や「妄想」に基づくビジョン志向の重要性を説く。例えば、馬車の速度に基づいて「何時間かけたらあの場所に行けるのか」と考えるのがデータに基づく発想。一方、大航海時代のコロンブスのように「海の向こうに何かあるから行ってみよう」と「駆られる気持ち」から動くのが、ビジョン志向と考えると分かりやすい。データはあくまでも考えるためのツールなので100を110にするカイゼンにとどまるが、ビジョン志向は「直感」や「妄想」があるため、100を1000にするような新たな発想＝クリエーティブジャンプにつなげやすい。同書は妄想の大切さやそのための方法を言語化して分かりやすく伝える。

I－neにおけるボタニストの開発は「今はないが、こんな商品があればいい」という妄想が原点だった。「妄想していたからこそ現実とのギャップに気付いたし、それをどう埋めるかを考え、キャッチアップできた」と藤岡氏は話す。ただ、企業規模を拡大したＩ－ｎｅがかつてのように妄想だけでビジネスを展開するのは難しい面もある。そこで出てきたのが「データを生かした経営」と、創業期の「感覚を生かした経営」を同時に実践するという考え方だ。経営書で得た発想を自社の事情に合わせながら戦略として展開する。

感覚を生かした部分の精度を上げるため、最近力を入れて取り組むのが、インフルエンサー、バイヤー、美容分野に強い医師ら感度の高い専門家へのインタビューだ。

例えばインフルエンサーの場合、Ｉ－ｎｅは早くからＳＮＳに注目し、いろいろなインフルエンサーの情報を独自に蓄積してきた。インフルエンサーは一昔前ならば知名度の高さが重要だったが、最近では例えばいろいろな商品を買い集めてマニアックにレビューするタイプが人気で、「こうした商品があったらいい」という発想も持つ人がいる。「いわば今はない価値を妄想できる人たち。ただし、ノープランで尋ねるのでなく、自分たちで立てた仮説に対して意見を聞き、製品開発のヒントを得るイメージだ」と藤岡氏は話す。

Ｉ－ｎｅではそれまで消費者を対象にインタビューを実施。「買ってもらえそうな人」に「この商品は売れそうか」を尋ね、販売数量予測することが狙いだった。いわば「今ある世界」を知るためだったが、インフルエンサーらへのインタビューでは「数字に表せない、その先の世界」を知ることが主眼で目的が違う。「Ｉ－ｎｅの妄想と専門家の妄想の方向性が合っているかを確認しながら、新しい価値を生み出したい」と藤岡氏は話す。

ブランディングを担当する執行役員の今井新氏の場合、幅広い本から多様な発想を吸収し業務に生かす。同じく学生時代からＩ－ｎｅに参画する今井氏は同時にハードコアパンクバンドのギタリストとして精力的に活動する。「自分たちで考えて自分たちでつくり上げていくマインドは根底で音楽と通じており、仕事にもそれが生きていると思う」。

今井氏が戦略を考える上で参考にするのが『イノベーションの普及』だ。著者のエベレット・ロジャーズ氏はイノベーター理論の提唱者であり、イノベーションが普及する過程を詳しく示す。もともと「コアなファンのいるバンドが、影響力を持つ人の発信によって認知が広がることがあり、その流れに興味があった」という今井氏は、インターネット経由でロジャーズ氏を知り、自社に当てはめながら著書を読んだ。イノベーター理論では、新しい製品やサービスが普及するまでには、まず製品やサービスを使う「イノベーター（革新者、市場の約2・5％）」から始まり、「アーリーアダプター（初期採用者、同13・5％）」「アーリーマジョリティー（初期多数派、同約34％）」「レイトマジョリティー（後期多数派、同約34％）」「ラガード（最後に採用する人、同約16％）」まで5段階があり、それぞれに合ったマーケティングが必要だ。ボタニストのブランディングの場合、今井氏は「トレンドを醸成するイノベーターにどういう情報をどのように届けるか」「イノベーターがどう発信したらアーリーアダプター、アーリーマジョリティーにどう届くか」を考えた。

浮上したのが従来のテレビなどのマス広告でなく、インフルエンサーを起点に情報が広がるSNSの活用だった。SNSではインフルエンサーがオピニオンリーダーとなってトレンドを発信し、そこにフォロワーが付くことでトレンドがより多くの人に広まる。「その流れはイノベーター理論と重なっており、同書は進むべき方向を決める後押しになった。多数派になるプロセスが理論化され、参考になる点が多い」と今井氏は話す。具体的にはボタニストのブランドづくりを進めるに当たり、新しい商品やサービスに興味を持ちやすいスタイリストやメーキャップアーティストらをイノベーター、スタイリストらと接点を持ち影響を受けるモデルやタレントらをアーリーアダプターに設定。先行して発売したヘアアイロンを通じてつながりのできたスタイリストらにアプローチしてボタニストを知ってもらうことから始め、SNSを通じて徐々に知名度を高めた。今井氏は「イノベーター理論は概念を理解することが重要。事例を構造化して自社に当てはめた」と振り返る。

今井氏は経営学以外の本からも刺激を受けている。ユニバーサルデザインの基本的な考え方をつくったといわれるパット・ムーア氏の『私は三年間老人だった』は、当時26歳のムーア氏がどんな人にも使いやすい製品をデザインしているのか疑問を持ったことをきっかけに3年間、老人に扮装《ふんそう》して潜入調査した記録だ。「顧客目線でどう感じるかについて多くを学んだ」。『セレンディップの三人の王子たち』は、科学だけでなく経済学でも注目されるセレンディピティ（思いがけないものを偶然に発見すること）という言葉のルーツとなった本だ。「ストーリーを通じて、同じものを見ても洞察力によって捉え方が変わると気付き、セレンディピティという言葉の奥行きを感じた」。『WHYから始めよ！』は、Why（なぜ）、How（どのように）、What（何を）の順に考えて伝えることで共感を生む「ゴールデンサークル理論」がテーマ。「理念浸透などはゴールデンサークルの考え方が自分にマッチしている」と今井氏は話す。土曜日はバンド活動モードの今井氏。日曜日にその余韻に浸りながら月曜日に備えて仕事を考え始め、そんなタイミングで本を読むことが多い。

幹部がそれぞれ課題に応じた本を探したり、読んだ本についての情報を交換したりするだけでなく、I－neでは幹部が参加する読書会を開催していたこともある。さまざまな形で最新の知見を生かす同社だけに、その取り組みはヒントになる面が多数ある。

大西氏らの「教科書」

『ザ・会社改造』

三枝 匡著

日本経済新聞出版

三枝氏が12年間にわたって仕掛けた
改革の歩みを記している(大西氏)

『企業成長の“フシ”を どう乗り切るか』

ラリー・グレイナー著

ダイヤモンド ハーバード・ビジネス・ライブラリー

(ハーバード・ビジネス・レビュー誌に掲載された
論文を記事単位で印刷・製本するサービス)

企業の成長段階の特徴と
それに沿った課題を明らかにする(大西氏)

『最高の結果を出す KPIマネジメント』

中尾隆一郎著

フォレスト出版

KPIを生かしたマネジメントを
具体的に示す。著者はリクルート出身の
コンサルタント(大西氏)

『地球の未来のため 僕が決断したこと』

ビル・ゲイツ著

早川書房

「気候大災害」を回避するために
何をしなければならないかを示す（大西氏）

『ドローダウン』

ポール・ホーケン著

山と渓谷社

「地球温暖化を逆転させる100の方法」が
テーマ。ビジュアルも多く分かりやすい
（大西氏）

『直感と論理をつなぐ思考法』

佐宗邦威著

ダイヤモンド社

「直感」や「妄想」に基づくビジョン志向の
重要性を説く」（藤岡氏）

『イノベーションの普及』

エベレット・ロジャーズ著

翔泳社

イノベーター理論の提唱者であり、イノベーションが普及する過程について詳しく記す（今井氏）

『私は三年間老人だった』

パット・ムーア著

朝日出版社

当時26歳の工業デザイナーが3年間、老人に扮装（ふんそう）して潜入調査した記録（今井氏）

『セレンディップの三人の王子たち』

竹内慶夫編訳

偕成社

ペルシアのおとぎ話で、セレンディピティという言葉のルーツとなった本（今井氏）

『WHYから始めよ！』

サイモン・シネック著

日本経済新聞出版

Why（なぜ）から考えて伝えることで共感を生む「ゴールデンサークル理論」を解説（今井氏）

カブクスタイル代表
砂田憲治氏

『ブランド・エクイティ戦略』も実践 注目スタートアップの試み

長崎市に本社を置くスタートアップ企業、カブクスタイルは、毎月定額で国内外の宿泊施設に滞在できる〝旅のサブスク〟「ＨａｆＨ」（ハフ）を展開し成長が続く。砂田憲治代表は経営学の教科書などから受けた刺激を実際の経営に生かしてきた。

Profile

写真＝栗原克己

１９８４年生まれ。筑波大学卒業後、外資系金融機関などを経て、２０１８年にカブクスタイルを設立。同社は「日本サブスクリプションビジネス大賞２０２１ グランプリ」に選ばれたサブスクリプション（定額課金）サービスがさまざまな分野に拡大している。〝旅のサブスク〟を展開するカブクスタイルのユニークなビジネスモデルに大手企業も注目。鉄道や航空会社との企画を次々と打ち出す。

砂田氏は大学卒業後、外資系金融機関を経て、カブクスタイルを立ち上げた。「起業後は多忙で、なかなかまとまった読書の時間が取れない」という砂田氏だが、前職在籍時は月1、2冊の本を、主に電車や飛行機で移動するときに読んできた。取引先の経営者らからの勧めをきっかけにしながら「これは」という本を見つける。すると今度はその本の参考文献などを手がかりにしながら「チェーンでつながるように」次に読む本を見つけて読み、興味のある分野の知識を深掘りしてきた。

本はインターネット経由で注文することが多いが、読むのは電子書籍ではなく紙の本が中心だ。経営学者らによる経営学の教科書が多く、経営者の書いた本や仕事のハウツー本はパラパラめくるくらいだという。「経営学者の本はあくまでも科学に基づいている。真摯に研究に向き合った成果であり、そこにはポジショントーク（自身に都合のよい発言）などがない」（砂田氏）。最近では「役に立つと思った本」を読み返すことが増えている。

米国の経営学者デービッド・アーカー氏による『ブランド・エクイティ戦略』は、砂田氏が読み返している1冊だ。同書はブランドを持続的な競争優位を実現する経営資産（エクイティ）と位置づけ、その創造・維持・防衛といった管理方法を分析・解説する。

砂田氏はＭＢＡ（経営学修士）スクールの出身者ではないが、マーケティングなどＭＢＡで学ぶ内容は自分で本を読み、一通り身に付けてきた自負がある。ブランディングについてもいろいろな本を読み一定の知識がある。「それでも起業して数年の私には、やはり事業家としての経験が限られている。同書はブランディングについて網羅的に書かれているため、これまでのブランディングへの取り組みを見直したり、自分たちの戦略に抜けがないかなどを確認したりするのに役立つ」と話す。

カブクスタイルのブランドづくりの特徴は、社名とサービスブランドのハフを最初からあえて分けている点にある。カブクスタイルには「多様な価値観を多様なまま許容する社会のインフラを創る」というミッションがあり、これを実現する1つがハフというサービス、と位置づけている。「ブランドのポートフォリオから言えば、カブクスタイルが今後、ハフ以外のブランドを展開する可能性がある」と砂田氏は話す。

ハフはもともと「Home away from Home」の略称であり、これまで「自由でリベラル」「アドなブランドづくりを心掛けてきた。ハフを知ってもらうときに「ワーケーション」

レスホッパー」といった言葉を多く使ってきたのはこのためで、「とがったブランドづくり」を進めてきた。ただしその結果として、「エッジを効かせれば効かせるほど、『自分に合ったサービスだ』と思う人には刺さる」一方、「しかし、他の人にとってはハフというブランドが『自分とは関係ない』という面が出てきた」と砂田氏はみている。

ハフが一部の顧客層にだけ突出した形で支持されるのではなく、もっと幅広い顧客基盤を築くために何をすべきか。砂田氏によると、このときハフというブランドに触れる機会を増やすために名前を連呼したり、ブランド名を名称からサービス内容がすぐに分かる形に変更したりしても、効果は薄い。それではブランドとしてのエクイティが積まれることはなく、やがて消費されるだけになる。

同書を読みながら砂田氏が考えたのは、今のブランドを生かしながらエクイティを高める方向に舵《かじ》を切ることだ。具体的には、「旅行に行こう」と考えた人にとって、「最初に頭に浮かぶサービスの1つになるには、どうすべきか」という視点から検討を重ねた。そして、カブクスタイルは2022年からハフというブランドを表記するとき、同時に「旅のサブスク」という表記を入れることを徹底するようになった。

砂田氏は「(略称である)ハフは固有名詞であり、ここには特別な意味がない。しかし、『旅のサブスク』という言葉を併記することによって、ハフという言葉に広く旅行、サブスクというイメージを付けることができる。こうしてブランドのエクイティを積み上げていく」と説明する。実際、旅行を考える人が検索サイトを活用した場合、ハフという言葉が目に入る機会がこれまでよりも増えるといった効果が出ているという。

より重視するのが長期的な効果だ。砂田氏によると、消費者は同じ価格の場合、「エクイティが積まれたブランドを予約するほうが、いい体験をしている」意識になるという。逆にエクイティが積まれていない場合、オンラインのコンバージョン（成約）率を追ったとしても「顧客を取り切ったらそこで終わり」となり、やがて価格競争に突入するしかなくなるとみる。カブクスタイルは同書を手がかりにしながら、これからもブランドのエクイティを重視した戦略を進める考えだ。

本で示された考え方を組織づくりに反映

砂田氏がやはり愛読してきたのが、マーティ・ケーガン氏らによる『ＩＮＳＰＩＲＥＤ』『ＥＭＰＯＷＥＲＥＤ』という２冊の本だ。ケーガン氏は米シリコンバレーのＩＴ企業において製品やサービスの開発に当たってきた人物だ。

砂田氏はカブクスタイルを創業するまで製造業の会社と一緒に仕事をする機会が多く、「カイゼン」などの製造業の手法については理解していた。しかし、デジタル分野の世界的な企業では、ものすごいスピードで業務の改善が進んでおり、その手法については当時あまり知らなかった。「その分、ケーガン氏の一言一言が非常に新鮮だったことを覚えている」と振り返る。2冊のうち先に読んだのが『INSPIRED』で、きっかけは他社からカブクスタイルに転じた幹部社員に「参考になる本」として紹介されたことだった。同書は、顧客が欲しがる製品を生み出すプロダクトマネジメントについて記している。その考え方を理解した砂田氏は、「小さくつくってリリースし、そこからカイゼンを繰り返していく」ことの大切さに気付いた。

この手法の場合、例えば、新たなサービスをリリースするときにその後の展開についてA、B、Cという仮説をあらかじめ立案。Aになったらこうする、Bならこう、Cならこうと考えておき、さらに実施した結果を見ながらカイゼンを繰り返す。小さなリリースとカイゼンをセットで進めることによって、圧倒的なスピード感を持って開発を進めることができるようになる。同時にこの手法だと、小さなリリースから始めるため、「やり直し」

のコストも小さくなるメリットもある。「この考え方を知らなければ、完璧になるまでつくってからリリースするしかなかった。それではハフのサービスをリリースすることはできなかった」と砂田氏は話す。

『INSPIRED』を読んだ砂田氏は、続いて『EMPOWERED』も読んだ。『INSPIRED』がスピード感のある優れた開発についてプロダクトの視点で書かれているのに対し、『EMPOWERED』は同じ内容を、今度は人の視点から描いている。「面白いものを作っていないと人は楽しくない。一方、人が楽しくないと面白いものは作れない。こうした意味で、この2冊は相互関係にある」と砂田氏は話す。『EMPOWERED』の内容がより身近になったのは、組織が大きくなってきたときで、同書に示された考えは、カブクスタイルの組織づくりにも生かしている。

カブクスタイルでは社員に「今この会社で働くべきか」を考えた上で働いてもらうため、7割が個人事業主として業務委託契約で働く。会社と考えが合わなくなった段階で別な道に進んでもらうため、砂田氏は「社内の『純度』が保たれる」と説明する。ワークスタイルも特徴的で、全社員は創業時から原則としてフルリモートで好きな場所で業務に当たる。全員が顔を合わせるのは、年2回の社員研修「ブートキャンプ」だけだ。

リモートワークについては、社員のモチベーションをどう高めるかがカギになる。新型コロナウイルス禍が世界的に収束ムードの中、リモートワークをやめる会社もあるが、砂田氏は「リモートワークは目的ではなくあくまで手段。どこで働いても仕事はあくまでも仕事でまったく問題がない」と強調する。

貨幣の仕組みについてもさまざまな本を読んできた

カブクスタイルのもう1つの特徴は、ハフのサービスを独自の「ハフコイン」を使って展開していることだ。会員は毎月の支払金額に応じてハフコインを獲得。ハフコインを使いカブクスタイルの自社施設や提携する国内外の施設に宿泊する。「独自のコインの世界に入る」がポイントであり、これまで貨幣の仕組みについてもさまざまな本を読んできた。

砂田氏によると、通貨には「交換」「価値の尺度(標準)」「価値の保存」という3つの機能があり、円やドルなどの法定通貨では政府が信用・保証の主体となっている。この基準によると、電子マネーはポイントで表記していてもあくまでも「1ポイントが何円か」のため、価値の標準は円のままであり、通貨にはならない。また、砂田氏の考えでは、暗号資産（仮想通貨）は「交換」の手段になる一方、そもそも「尺度」になる必要がなく、「価値の保存」という点ではボラティリティー（相場変動率）が激し過ぎるため、やはり通貨にならない。

フェリックス・マーティン氏の『21世紀の貨幣論』はハフコインについての考えを磨く上で、いろいろな刺激を受けている1冊だ。著者のマーティン氏は資産運用会社のマクロエコノミスト、ストラテジストを務めており、貨幣の6000年の歴史を語ると同時に、それを踏まえて今後の在り方を独自の視点から描いている。砂田氏は「貨幣は物々交換の不便さから生まれたと考えがちだが、そうでないことを同書で知った。ずっと昔から人は信用によって取引してきたのであり、通貨の標準をつくるのは、資本主義の中で思っているほど難しいものではなく、自由であることが分かった」と話す。逆に言えば「信用がないと通貨の標準はつくれない」わけで、この発想はハフコインに生かしていきたい考えだ。

カブクスタイルの場合、ユーザーがハフコインを信頼してくれないとサービスは成立しない。ハフコインは保証がカブクスタイルだけであり、信用や保証も「あくまでもそれ以上でも以下でもない」（砂田氏）。カブクスタイルが事業をやめればハフコインは成立しなくなる。ただ、今後事業を進めながらユーザーの信用を大きく高めることができれば、さまざまな可能性がある、と砂田氏はみている。「『交換』という点ではハフコインがいろいろな法定通貨をまたぐことができれば旅行はスムーズになるだろう。『価値の尺度』という点からはハフコインによって宿泊代の価格変動をリスクなく抑えられる可能性がある」と期待する。

こうした発想や取り組みを生かすことによって、旅が対象のハフ以外にもいろいろなサービスを展開できる可能性がある、と砂田氏は構想する。創業時から自社を旅行会社ではなく「フィンテック企業」と位置づけており、今後の展開に注目が集まる。

HafH Nagasaki SAI（長崎市）など自社施設も運営する（写真＝菅 敏一）

砂田氏の「教科書」

『ブランド・エクイティ戦略』

デービッド・アーカー著

ダイヤモンド社

ブランドを持続的な競争優位を実現する
経営資産（エクイティ）と位置づけ、
その創造・維持・防衛といった管理方法を
分析・解説

『INSPIRED』

マーティ・ケーガン著

日本能率協会マネジメントセンター

顧客が欲しがる製品を生み出す
プロダクトマネジメントの在り方について
詳しく記している

『EMPOWERED』

マーティ・ケーガン、クリス・ジョーンズ著
日本能率協会マネジメントセンター

「スピード感のある優れた開発を人の
視点から描いている。ここでの考え方を
自社の組織づくりでも生かす」(砂田氏)

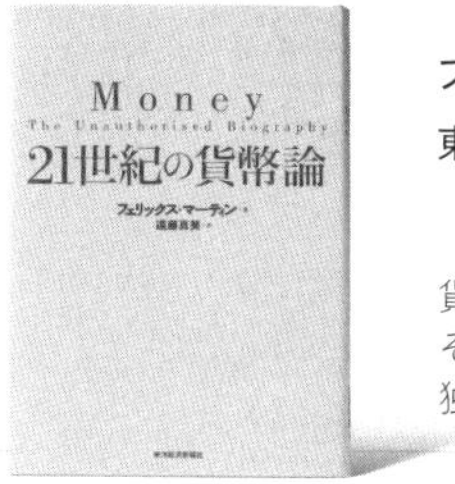

『21世紀の貨幣論』

フェリックス・マーティン著
東洋経済新報社

貨幣の6000年の歴史を語ると同時に、
それを踏まえて今後の在り方を
独自の視点から示す

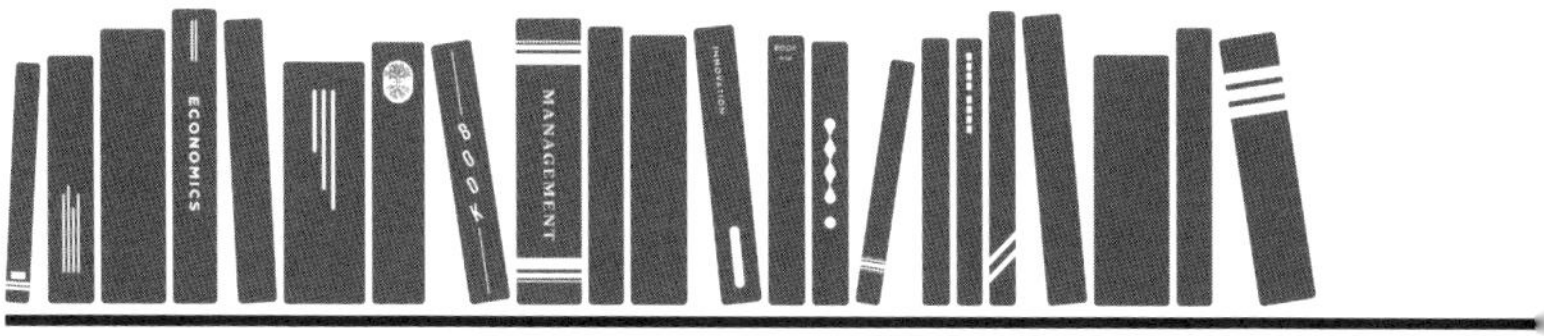

カスタムジャパン社長

村井基輝氏

元DJの三代目『競争の戦略』を読み、家業を20倍に

カスタムジャパン（大阪市）は、バイク部品をインターネット経由でバイクショップや整備工場などに卸販売し、急成長する。社長はクラブでDJだった村井基輝氏。膨大な経営書を読んできた村井氏は「9割は本の知識でここまで来た」と強調する。

Profile

1974年生まれ。携帯電話販売会社、IT企業などを経て、祖父が創業し父が社長のバイク部品の卸問屋に入社。2005年に別会社でカスタムジャパンを立ち上げ、家業を成長させる

写真＝宮田昌彦

村井氏は祖父が立ち上げ、父が引き継いだバイク部品の卸問屋の三代目として生まれ育った。クラブミュージック好きの村井氏はＤＪとして活動。「問屋はどこかかっこ悪い」という意識があり、やがて携帯電話の販売会社で働き始めた。

ビジネス書との接点はこのときに生まれた。携帯電話の販売事業が急成長する中、村井氏はあっという間に多くの部下を抱えるようになり、年上の部下もたくさんできた。どう付き合うか考えた村井氏はビジネス書を手当たり次第読んだ。「本で読んだ通りに伝えると、正論として受け入れられた。本の力はそれだけすごいのだから、自分で考えて話している場合ではない」と思うようになった。

その後、ＩＴ企業に入り、ベンチャーを大きくする経験を積んだ村井氏は、優秀な人物が寝る間も惜しんで懸命に取り組んでも、なかなか成果を上げられないビジネスの厳しい現実を知った。一方、父の会社では社員は毎日、定時で仕事を終えており、それでも「何となく」会社は回っていた。

「問屋はどこかかっこ悪い」と思っていた村井氏は「あれで大丈夫ならば、やり方次第では、家業はもっと成長できる可能性がある」と考えるようになった。インターネット販売が本格的に広がる時期であり、ＩＴ企業で働いた経験のある村井氏は、家業の部品卸でインターネットを活用した新しい事業を立ち上げようと思った。

ポーター氏の本、読み方を工夫

2003年に村井氏が父の部品問屋に入ったとき、社員は5人であり、事業エリアは地元周辺に限られていた。全国を対象に部品をネットで卸販売する新事業の構想を父に話した。家業から事業への脱皮も考えたが、事業経験のある父をなかなか説得できない。何とかしようと考えた村井氏は、京セラ創業者の稲盛和夫氏の「盛和塾」のメンバーとなり、稲盛氏の著書も多数読んだ。稲盛氏の考え方を生かして話すうちに、父は次第に村井氏の考えを理解するようになった。「本によって父にしっかり伝えられるようになったのが大きかった」と村井氏は話す。

この頃、熱心に読んだのが、米国の経営学者、マイケル・ポーター氏の『競争の戦略』だ。きっかけはある経営者のセミナーに参加したこと。この経営者が同書について話すのを聞き、「自分たちの業界でも使えるはずだ」と考えた。

特に参考になったのが、ポーター氏が提唱するフレームワークであるファイブフォース分析だ。業界内の基本的競争要因には「新規参入業者」「競争業者」「買い手」「売り手」「代替品」の5つがある。「それまで競争業者、買い手、売り手ばかり見ていたが、特に異業種からの参入という視点が非常に新鮮であり、参考になった」と村井氏は振り返る。当時インターネット上には卸の部品の通販がなかった。それでもファイブフォース分析を生かすことによって、パズルを作っていくように新規事業のアイデアが湧いてきた。

ただ、最初からポーター氏の考えを深く理解できたわけではなかった。本を読んでもなかなか頭に入らず、つい眠くなることもあった。実際、『競争の戦略』は競争戦略の古典として知られるが、読んでみると「難しい」という声も少なくない。このため、村井氏はポーター氏の考えを分かりやすく解説している本を読むことから始めた。

それがグローバルタスクフォースによる『ポーター教授「競争の戦略」入門』だった。同書は「『競争の戦略』を読みこなすための徹底ガイド」を標榜しており、それぞれの項目について、オリジナルの事例も交えながら分かりやすく解説する。村井氏は同書をボロボロになるくらいまで読んだ。例えば「競争業者の将来の目標を知る」という項目では、競争業者を分析するための細かなチェックリストがあり、村井氏はこれを参考にしながら、信用調査会社のデータを活用。美容系など異業種の卸業態について動向を分析し続けた。

こうして通販ビジネスの構造が数字で見えてきたことが、新事業に役立った。『ポーター教授「競争の戦略」入門』で理解できた項目については、ジョアン・マグレッタ氏の『〔エッセンシャル版〕マイケル・ポーターの競争戦略』も読み、『競争の戦略』とのつながりを確認した。『〔エッセンシャル版〕マイケル・ポーターの競争戦略』は競争戦略論のエッセンスについて学ぶことを目的としており、巻末にはポーター氏とのQ＆Aも収録している。こうしたプロセスを経て『競争の戦略』を改めて読み、理解を深めた。

『競争の戦略』やそれに関連する本を読んでいたのは、カスタムジャパンの立ち上げを画策する真っ最中だった。当時は午後6時に家業の仕事が終わると、それから夜中12時くらいまで、新たに立ち上げるビジネスの準備をする毎日だった。日曜日や祝日も新たなビジネスの準備に充てていたが、IT企業の立ち上げに関わった経験があり、苦にならなかった。

準備を進めるうち、分かってきたのは家業がある優位さだ。IT企業で働いていたときは、ゼロからビジネスをつくらなければならない分、人脈をつくるだけでも大変だった。一方、家業から新事業を立ち上げる場合には、それまでの仕入れ先がどんどん応援してくれた。村井氏は「家業があるのはめちゃくちゃラッキーだ」と気付いた。家業を生かしながら新事業を立ち上げる手法は「ベンチャー型事業承継」とも呼ばれ、このところ注目が集まっている。

成長とともに読む本が変わった

05年に別会社でカスタムジャパンを立ち上げて以降、読む本は事業の成長ステージによって変わってきた。スタートしたばかりの頃、村井氏が読むのは、仕事に直結する経営のマニュアル的な内容やマーケティングなどの本が多かった。「部品販売はそれまでのやり方のまま、いわば雨ざらしの業界だった。このため、本で読んだ他の進んだ業界の手法が、面白いくらいに効いた」と村井氏は振り返る。例えば当時、部品問屋はエクセルで作ったシンプルな価格表を使うところが多かった。このため、村井氏が当時読んだ本を参考にしてポイントが分かりやすいチラシ風の価格表を作ると、販売が大きく伸びた。

社員が増えてくると、それだけ事業への責任感も強くなる。ポーター氏や米国の経営学者ピーター・ドラッカー氏の本を多く読み、読書を通じて経営の原理原則を確認するようになった。組織が出来上がってきた最近は、経営者としての在り方や経営哲学などについての本を読む場面が増えている。経営コンサルタント、田坂広志氏の『知性を磨く』はそのきっかけとなった本だ。

ＩＴ企業在籍時に田坂氏のセミナーに参加した村井氏は田坂氏の考え方に引き付けられた。それ以来、田坂氏の著書が出るたびに読んできた。同書は「さまざまなレベルの思考を見事に切り替えながら並行して進め、それらを瞬時に統合」する「垂直統合」の思考の重要性を指摘。そのために必要な「７つの知性」を挙げる。村井氏は「同書のポイントは答えのない問いに対し、いかに答え続けるかにある、と思う。それまで答えを求めるために本を読んでいたが、この本を契機にして、答えのない問いに答え続けるために本を読むようになった」と話す。田坂氏はインターネット上のユーチューブで動画の配信も行っており、村井氏は本を読むと同時に動画も視聴することによって理解を深めている。

社員向けにも推薦図書のリストを作成

読書の重要性を知る村井氏は社員向けにも推薦図書のリストを作成しており、読んだ社員が４００文字程度の感想文を提出する仕組みを取り入れている。「大企業は研修制度が充実しているが、当社のような中小企業ではなかなか難しい。一番生産性が高いのが本だと考えた」。リストに挙げるのは村井氏が自分で読み参考になった本ばかりで、全社員向けのほか、部門長向けもある。村井氏が読んできた本はオフィス内のライブラリーにも置いてあり、社員に貸し出している。

ライフネット生命の会長時に出口治明氏が記した『早く正しく決める技術』はこのリストにある1冊だ。同書との出合いは、村井氏が出口氏の講演会に出席したことだった。同書によると、早く正しく決めるには「数字・ファクト・ロジック」がカギを握っており、「上司の顔色」や「過去の経験」などにとらわれてはならない。考え方のポイントを図解するなど非常に分かりやすいこともあり、全社員向けの推薦図書に選んだ。出口氏の考え方を社内に共有するためにカスタムジャパンへ来て話をしてもらったこともある。

組織・人事コンサルタントの伊賀泰代氏の『生産性』も全社員向けの推薦図書の1冊だ。同書を読むきっかけは、出口氏に「社員と一緒になって生産性を上げるには、どの本を読んだらいいか」と尋ねたことだった。出口氏は「この本が一番いい」と同書を推薦してくれた。村井氏が同書で特に感銘を受けたのが「生産性向上による成長サイクル」だ。同書によると「成長する」とは「生産性が上がる」ことを指す。そのためには（1）今まで何時間かかってもできなかったことができるようになった→（2）昨日まで何時間もかかっていたことが1時間でできるようになった→（3）同じ1時間で昨日よりはるかに高い成果が出せるようになった→（4）生み出せた余裕時間で今はまだできないことにチャレンジを始める！、というサイクルを繰り返す必要がある。

村井氏が特に重視するのが（4）だ。「生産性向上で時間が短縮できたら、それで終わりでなく、その分の時間をチャレンジに充てる。こうした考え方を社内に落とし込み、社員との面談などでも達成度合いについて話す」という。最近では注文作業の自動化などを進めた結果、会社全体の生産性が向上。余力が生まれたことで新たに電動キックボード事業に参入した。

新たに電動キックボード事業にも参入（写真＝宮田昌彦）

カスタムジャパンは海外の部品メーカー約100社と直接取引することでコストダウンを徹底しながら事業を拡大。グループも含めると社員数は現在、約100人に増加し、村井氏が家業に入ったときの20倍となった。大阪周辺だけだったビジネスは、日本中に広がる。部品のSPA（製造小売り）も手掛けるほか、最近は子会社で一般ユーザー向けの販売やオートバイ関連のフリーペーパー制作なども始め、事業の幅を広げている。先代からの部品問屋も、カスタムジャパンに比べると規模はずっと小さいが、継続している。

さまざまな本から経営のヒントを見つけ事業を伸ばしてきた村井氏は、最近でも多数のビジネス書に目を通す。「ただ、長くいろいろな本を読んできたため、新しい本を読んでも似た内容だと思うことが増えた。その分最近は斜め読みも多いが、それでも月3冊くらいはしっかり読んでいる」と話す。読むのは紙の書籍が多く、これは「DJをしていた頃からアナログレコードの収集がずっと続いていて、手触りのあるモノが好きなためだ」と笑う。本は書店で購入することが多く、読むのは移動時間が多い。気になった記述を見つけると、付箋を貼りながら読む。これまで読んできた本は膨大でオフィスの壁一面になる。村井氏は「やってきたことの9割は本で読んできたことであり、自分で考えたことは数%かもしれない。そう思うほど、本が経営にとって大きな役割を果たしている」と話す。

村井氏の「教科書」

『競争の戦略』

マイケル・ポーター著

ダイヤモンド社

「特に参考になったのが、ポーター氏が
提唱するフレームワークである
ファイブフォース分析」（村井氏）

『ポーター教授「競争の戦略」入門』

グローバルタスクフォース著

総合法令出版

『競争の戦略』を読みこなすための
徹底ガイドとして、それぞれの項目に
ついて事例も交えながら分かりやすく解説

『〔エッセンシャル版〕マイケル・ポーターの競争戦略』

ジョアン・マグレッタ著

早川書房

競争戦略論のエッセンスについて
学ぶことを目的としており、
巻末にはポーター氏とのQ&Aも収録

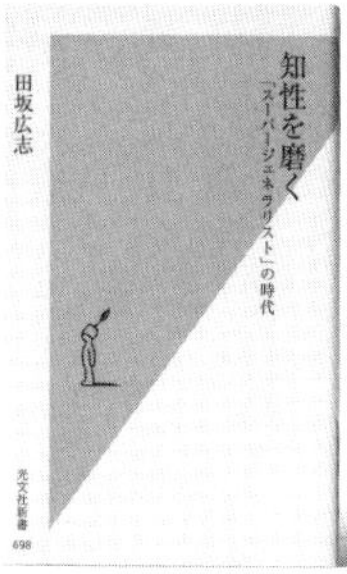

『知性を磨く』

田坂広志著

光文社

「垂直統合」の思考の重要性を指摘。
そのために必要な「7つの知性」を挙げる

『早く正しく決める技術』

出口治明著

日本実業出版社

早く正しく決めるには
「数字・ファクト・ロジック」こそが
カギを握っていることを分かりやすく示す

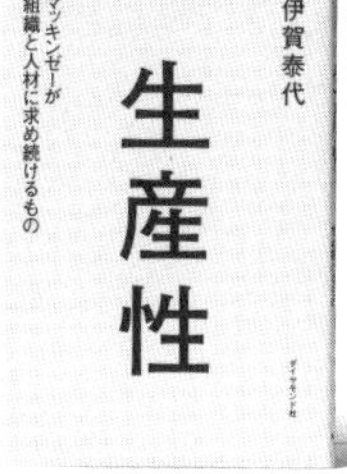

『生産性』

伊賀泰代著

ダイヤモンド社

組織と人材の生産性を
上げる方法について記している。
著者はマッキンゼーの
元人材育成マネジャー

グロービス経営大学院学長
堀 義人氏

Profile

1962年生まれ。京都大学工学部卒、住友商事入社。米ハーバード大経営大学院で経営学修士号（MBA）取得後、1992年にグロービスを設立。（写真＝尾関祐治）

丸暗記するのではなく、道具として使いこなせるようにする

経営学はリーダーに必要な意思決定をする知識、理論の固まりです。経営の過去の知見の蓄積の中から生まれ、組織を束ね、組織が勝つために必要な知見を集積しています。いわばリーダーに必要な経営に関する定石ですから、当然、実際の経営に役立ちます。

ただし、知識を丸暗記してもそのままでは使えません。道具として使いこなせるようになる必要があります。これを鍛えるのがケースメソッドであり、グロービスでもこの手法を導入しています。グロービスの場合、教員が現役の実務家であるのが特徴です。

体系的に学ぶ意義は大きい

ケースメソッドでは、企業が実際に直面した状況を忠実に再現した教材に基づき、「あなたがそのときの当事者であればどのような意思決定をするのか」を問います。そして、これをひたすら繰り返していくことによって、経営学を使いこなせるようになります。OJT（職場内訓練）も大切ですが、体験できることには限界があります。やはりケースメソッドと併せて学ぶべきなのです。

MBA（経営学修士）のスクールでは経営学を体系的に学ぶことができます。経営学の本を基にして知識、理論を得た上で、実践の中で体系化していく人もいますが、こうした人は相当に能力が高いと思います。

MBAを持つ経営者は米国に比べると少ないですが、国内でも次第に増えてきています。MBAを持っていなくても研修なども含めて何らかの方法で学んでいる人も多いと思います。

独学で学ぶのか、大学院で学ぶのか、研修で学ぶのかといった違いはあっても、経営者として成功するにはMBA的な経営学の知識や理論は必要です。これがなければ勝てない、と断言できます。

陽明学の本を読むべき理由

道具として使える経営学を身に付けると同時に、経営者は心の在り方も重要になってきます。リーダーとは常に意思決定を迫られる存在であり、意思決定に際して、損得勘定を超えた哲学がやはり欠かせません。こうした点において重要なのが世界観、歴史観、倫理観、人生観、使命感の5つで、私はこれらを「志士の五カン」と呼んでいます。

経営学による科学的経営の基にこうした志を置くべきだ、と私は考えています。そして、志が何たるものかを教えてくれるのが陽明学です。陽明学は心の陶冶《とうや》を勧めており、明治維新の原動力にもなっています。

陽明学の代表的な教えが「心即理」「知行合一」です。私の解釈では、これらは心の在り方がそのまま思考となり、行動に表れることを指します。グロービスには「経営道場」という科目があり、ここでは陽明学も取り入れています。

ビジネススクールの学長を務めている私が陽明学を挙げると、意外に思う人もいるようです。私が陽明学について知ったのは、グロービスを立ち上げた30代の頃のことでした。

それまでに体系的に経営学を学んでおり、これに基づいて意思決定していました。しかし、やがて何か足りないものがあると認識するようになりました。そんな中、私は陽明学にたどり着きました。陽明学についてはいろいろな本を読んできましたが、私のお薦めは林田明大氏の『真説「陽明学」入門』です。自分に役立ったものは可能な限りカリキュラムに入れていこうと考えており、「経営道場」でこの本を使ったこともあります。

リーダーのスピリットに触れる

ビジネスパーソンに薦めたいもう1冊が内村鑑三氏の『代表的日本人』です。同書を通じて、さまざまな分野の日本のリーダーたちの思想、哲学、スピリットをぜひ知ってほしいと思います。この本を読んで西郷隆盛、中江藤樹という2人の偉人に影響を与えたのが陽明学だと知ったことが、私が陽明学に出合うきっかけになりました。

私が書いた『創造と変革の技法』はゼロから何かを生み出す「創造」と既存のものをさらに進化・成長させる「変革」を5つの視点でまとめています。ぜひ、創造や変革のきっかけにしてほしいと思います。(談)

堀氏が薦める本

『真説「陽明学」入門』

林田明大著

三五館

「王陽明の生涯」「陽明学の思想」
「日本陽明学派の系譜」の
3部構成となっている

『代表的日本人』

内村鑑三著

岩波書店

西郷隆盛、上杉鷹山、二宮尊徳、
中江藤樹、日蓮の生涯について記している

『創造と変革の技法』

堀 義人著

東洋経済新報社

創造に挑み変革を導くための
「5つの原則」を解説。実践例も示す

4章

ずっと教科書とともに

YKK相談役　吉田忠裕氏

「ファスナー世界トップブランド」への躍進を支えたコトラー氏の教え

ファスナーで世界的なトップブランドになったYKK。グローバル企業に成長する過程で、二代目社長で現相談役の吉田忠裕氏は、直接薫陶を受け、半世紀にわたって交流を続ける経営学者フィリップ・コトラー氏の教えを参考に、打つ手を模索してきたという。

Profile

1947年生まれ。慶応義塾大法学部卒業。72年米ノーウエスタン大経営大学院（ケロッグ校）修了後、YKK（旧吉田工業）入社。YKK AP、YKKのトップを経て、2020年から現職

写真＝山岸政仁

ＹＫＫの二代目社長を務め、現在は相談役の吉田忠裕氏が影響を受けたのが米国の経営学者、フィリップ・コトラー氏の経営理論だ。教科書を読むだけでなく、米ノースウエスタン大学経営大学院（ケロッグ校）留学中にコトラー氏の薫陶を受け、帰国後もずっと交流を続けてきた。

吉田氏がケロッグ校に留学したのは１９７０年のことだった。注目を集め始めていたマーケティングの初回の授業が終わると、当時日本からの受講者が珍しかったのか、コトラー氏のほうから吉田氏に声をかけてきた。そのとき、コトラー氏は吉田氏に「日本には米国以上にマーケティングの実践がある。なぜここでマーケティングの勉強をするのか」と尋ねた。吉田氏は「実践はあるかもしれないが、学問として体系づけられているわけではない。どういう言葉でどう表現するのかを学びに来た」と答えたことを覚えている。

体系的な理論を学んだことは、帰国後にＹＫＫに入社した吉田氏が具体的な課題を前にしたとき大いに役立った。例えば、コトラー氏が提唱し始めた「ワン・トゥ・ワン（One to One）・マーケティング」。これは顧客満足度を高めるためにそれぞれの顧客に合わせて個別のマーケティング施策を行うことを指している。「顧客ごとに異なるニーズに応えることの大切さ」は、吉田氏が留学中にコトラー氏から学んだことの１つだった。

ＹＫＫは世界中に多様な顧客がいる。このため、ユーザーのニーズに合った緻密な対応が欠かせない。この点に置いて、顧客ごとの満足度を高める重要性を説いたコトラー氏の理論は、参考になる点が多かった。ＹＫＫグループの「社会・環境報告書２０１６年」で吉田氏はコトラー氏と対談し、当時を振り返りながら以下のように語っている。

吉田　（コトラー）先生は、常にカスタマーサティスファクション（顧客満足）の重要性について説かれていました。そして、企業はOne to Oneマーケティングに根ざした顧客視点のビジネスを実践すべきだと。何よりも印象的だったのは、１９７０年代からすでに「マーケティングによって、よりよい社会をつくること」を研究テーマの一つに掲げていらっしゃったことです。

コトラー氏　マーケティングは、商業的な世界だけのものだと思われがちですが、本来、あらゆる分野に応用できる学問です。これを証明するために、私は次々に領域を拡大して、数多くの分野に挑んできました。地域活性化においても、ＮＰＯの活動においても、また美術館や博物館の運営においても、マーケティングは大きな効果を発揮します。そして、領域を広げていく過程で、必然的に見えてきた課題が「マーケティングによって、よりよい社会をつくること」でした。これは新しい資本主義を探求する試みと言い換えることも可能かもしれません。今も私はこの研究を続けています。

ＹＫＫの手掛けるファスナーは宇宙服やハイエンド品からボリュームゾーンの汎用品まで多岐にわたる。その分、価格や納期、機能などの幅が大きい。それだけに「ファスナーだから」といって、同じマーケティングを展開しても限界がある。むしろ、コトラー氏の提唱するワン・トゥ・ワン・マーケティングが重要になってくる。ワン・トゥ・ワン・マーケティングを徹底するためにＹＫＫでは技術の総本山として富山県黒部市に開発拠点を置きながら、同時に海外にも商品開発の拠点を開設。それぞれの現場の担当者が細かなニーズに対応する体制をつくっている。製造面でも、各国に製造拠点を設けており、リードタイムの短縮やニーズに見合った製造体制を磨いてきた。グローバル企業向けには、国の枠を超えたニーズを吸収するためにグローバルマーケティンググループも置いている。

顧客ニーズに合致した製品の提供を進めた結果、それまで複数のサプライヤーから購入していた大手ブランドが購入先をＹＫＫ１社に絞るなど、大きな成果を上げてきた。「経営に当たって自分の考えをまとめるときに『そういえばコトラー先生はこう言っていた』と、何度も思い出した」と吉田氏は振り返る。

それでも、課題を前にしたからといって吉田氏はコトラー氏の教科書を開いたり、慌てて読み直したりすることはなかった。コトラー氏の理論を頭に浮かべながら、自社に合った形で打つべき手を自ら考え、戦略として遂行してきた。

自社の取り組みを見つめ直しているうちに、それがコトラー氏の理論と重なっていると気付くこともあった。そんなとき、世界中の企業の事例から生み出されたコトラー氏の理論が、吉田氏にとって、目指す方向に進む後押しになった。それでも社内の説明などで経営学を前面に押し出したことはないという。ただ、コトラー氏の理論は世界的に知られており、自社の取り組みを広く伝えやすいため、時にはワン・トゥ・ワン・マーケティングなどの用語も使いながら自らの考えを伝えた。

社会に利益をもたらす企業こそが繁栄する

コトラー氏の最初の授業の後に直接聞いた「日本には米国以上にマーケティングの実践がある」という言葉は吉田氏の心にずっと残っていた。経営の経験を積むうちに、その言葉はやがて日本企業の創業者たちの姿と重なっていった。いずれも実践の中でビジネスの知恵と考え方を築いており、思えばYKKを立ち上げた吉田氏の父、忠雄氏もその1人だった。忠雄氏はファスナー事業を立ち上げ会社の礎を築いた。YKKの根幹には今も忠雄氏の考え方があり、それは今後も変わりがない。

忠雄氏の経営思想の中核にあるのが、「善の巡環」。これは社会に利益をもたらす企業こそが繁栄する考え方を示す。忠雄氏は少年時代に米国の鉄鋼王といわれたアンドリュー・カーネギー氏の伝記を読み、深い感銘を受けた。この本に「他人の利益を図らずして自らの繁栄はない」という哲学を読み取った忠雄氏は「善の巡環」につながるアイデアを温めた。事業を進める中で、「善の種をまいて、善を尽くしていけば、必ず善はむくわれ、限りなく善は巡る」という思いに至り、「善の巡環」の着想にたどり着いた。特にこだわったのは、「善の巡環」に基づくビジネスをものづくりの分野において展開することだった。

吉田氏によると忠雄氏の考えはコトラー氏の理論と重なる部分が大きい。忠雄氏が「善の巡環」を経営思想の中核にしたのに対し、コトラー氏は会社や国に影響がある社会問題に目を向ける「ウェルビーイング・マーケティング」を掲げている。

忠雄氏、コトラー氏ともに株主など特定のステークホルダーを重視する経営と一線を画している。吉田氏は「先代がコトラー先生の言葉で何かを説明したことはないが、同じ発想がベースにあるのだと思う」と話す。忠雄氏からトップを引き継いだ吉田氏はそれまでのファスニング事業の海外展開を進めた。同時に窓事業を立ち上げて建材事業をもう1つの柱に育て、グループを次の成長に導いた。現在は非ファミリーに経営を任せ、地域への貢献など新しいチャレンジを進める。

コトラー氏との交流はずっと続いており、約半世紀にも及ぶ。吉田氏はYKKの経営について考えていることを、コトラー氏に折を見て伝えてきた。中にはコトラー氏の理論と必ずしも一致しないこ

吉田氏はコトラー氏（右）と長く交流してきた

ともあったが、コトラー氏は耳を傾け、話しているうちにお互いの意見が一致することが多かった。前出「社会・環境報告書2016年」で吉田氏はコトラー氏と「善の巡環」に基づく「成果三分配」という考えについて、以下のように語っている。

吉田　（「成果三分配」は）「善の巡環」を象徴する考え方です。企業活動で生み出した付加価値を、顧客、取引先、それから経営者と社員を含む自分たち、この三者で分配しようという考え方です。顧客に対してはよりよいものを安定した価格で提供し、取引先とは、その取引先も発展するような取り引きをする。ステークホルダーと利益を分かち合うことで、共に発展することを意図するものです。吉田忠雄は、この事業サイクルをたえまなく繰り返すことで、企業はスパイラル状に発展・繁栄できるものと確信していたんですね。

コトラー氏　なるほど。企業活動においては、経営者、労働者、そしてサプライヤーなどが必要ですが、古い考えに、会社がお金をもうけたければ、労働者、サプライヤーなどに少なく支払い、多くの資金を手元に残すということがあります。この考えの問題点は、労働者が熱心に働かず、やる気を持たなくなるということです。その会社にとってベストな労働者も雇用できません。そして、サプライヤーを信用せず、毎年相手を変更し、十分な支払いをしない場合、サプライヤーはその会社とよい関係を築くことはありません。その点、私は「善の巡環」の考え方に非常に感心しました。彼らはチームとして一体感があるので、より一生懸命働くことでしょう。例えば、ラグビーのチームのように。スポーツのような「戦う意欲」といった感覚をつくりだしているのだと思います。

吉田　そうですね、まさにスポーツのチームのような一体感があるかもしれません。

コトラー氏　さらに、ＹＫＫの経営は「Ｗｉｎ－Ｗｉｎ－Ｗｉｎ－Ｗｉｎ」とでも呼ぶべきスタイルですね。経営者、社員、サプライヤー、コミュニティーなど、多くのステークホルダーがＷｉｎ－Ｗｉｎの関係でつながれている。大変興味深いです。ＹＫＫのビジネスモデルは、新しい資本主義の道を模索してきた私自身にとっても、大変刺激的です。アプローチが非常にユニークですし、「善の巡環」には、企業が取り組むべき社会課題の解決のヒントが数多く盛り込まれているように見受けました。

コトラー氏はフレキシブルで、いろいろな経営者の声を柔軟に取り入れ理論を絶えずバージョンアップしている。吉田氏も自社の経営や考え方が理論に組み入れられたと感じることがある。「コトラー先生の経営学の一部になっているのは光栄だ」と吉田氏は話す。

吉田氏の「教科書」

『コトラー&ケラー&チェルネフ マーケティング・マネジメント』

フィリップ・コトラーら著

丸善出版

マーケティングについての
概念ツールとフレームワークを
網羅的に提示する。最新版は2022年

エーワン精密　創業者

梅原勝彦氏

高収益企業の創業者が読んできた「松下幸之助氏と中国の古典」

金属加工用工具メーカー、エーワン精密は
利益率が高い会社として知られる。
創業者の梅原勝彦氏は、
松下幸之助氏の著書や中国の古典を通じて、
社員との関係や
経営者としての在り方を考えてきた。

Profile

1939年生まれ。小学校を卒業すると町工場で働き始め、70年にエーワン精密を創業。有数の高収益企業となり、一代で上場企業に育てた。相談役を経て、22年に退任した

写真＝栗原克己

エーワン精密は売上高が約18億円（2022年6月期）で、社員が約110人いる。何社もの町工場で働いてきた梅原氏が1970年に独立し、立ち上げた。収益性の高いものづくり企業の代表格で、同期の売上高経常利益率は23％を超える。東証スタンダード市場に上場しており、2020年には創業50周年となった。梅原氏は22年に会社を去るまでずっと会社の成長を支えてきた。

梅原氏は1939年に東京で生まれた。父は「ろくろ屋」。ろくろを回して金属を加工する金属ひき物業の町工場を営んでいた。戦前は軍関係の仕事をしていて、事業は好調だった。工場兼自宅があったのは、今の東京・港区白金周辺で、近くには立派なお屋敷が並んでいた。梅原氏の家にも「お手伝いさん」が2人いるなど、裕福な環境で生まれ、「お坊ちゃん」として育てられた。戦災を免れたため戦後も父の工場は好調だった。しかし、梅原氏が小学生のとき、父のばくちの借金が積み重なった。自宅や工場を失い、生活は一変。ファミリーは一時ばらばらになった。梅原氏は小学校を6回も転校するなど、激動の子ども時代を過ごした。

小学校を卒業すると、梅原氏は父の知り合いが経営していた川崎市の町工場で職人の見習いとして働き始めた。戦後間もない時期とはいえ、義務教育である中学に通わないのは、クラスで梅原氏だけだった。それだけに学びたい気持ちは強く、働きながら通える夜間中学を知ったときには「人生で一番うれしかった」と振り返る。夜間中学を卒業すると、定時制高校に進学。しかし、「将来経営者になる」と決めた梅原氏は、「もっと早く実践的な知識を身に付けたい」と思い中退。簿記学校に通った。現場で働きながら技術を磨き、やがて独立。企業規模を拡大し、一代で上場企業をつくった。

「学校をほとんど出ていない」というたたき上げの経営者の梅原氏にとって、心の支えになったのが、経営についてのさまざまな分野の本だった。「何かを知るには本を読むしかなかった、というのが正直なところだ」と静かに話す。

松下幸之助氏の本から学んだこと

愛読してきた本の1つが、パナソニックホールディングス創業者の松下幸之助氏の一連の著書だ。幸之助氏は小学校の途中から働き始めて巨大なグローバル企業をつくった。梅原氏は、自分の歩んだ道と似たところのある幸之助氏にどこか親近感を抱き、幸之助氏の本から「学校を出なくても、やりようによっては成功できる、という勇気をもらった」。独立するときはお金がなく、中古の機械でスタートした。そのうちの1台は、幸之助氏の会社でかつて使っていた機械だった。「そのことが、何だかうれしかった」ことをよく覚えている。

若い頃の梅原氏は事業を成功に導くヒントを得ようと、「お金もうけについての本ばかりを読みあさっていた」という。幸之助氏の本は何冊も読んだが、その理由は「一体どうしたらお金をもうけられるか」を知りたいからだった。〝今太閤〟と呼ばれた幸之助氏のやり方を少しでも取り入れたいと考えた。

だからこそ、事業で悩んだときには、幸之助氏の言葉から成功に至るためのヒントをつかもうと、繰り返し読んだ。「商人としての道を究めた幸之助さんだけに、その言葉は確かに時代を超える」と今も思っている。どの本も文章が誰にでも分かるように書かれていることも大きかった。

経営者としての在り方を考える上で、特に参考にしたのが、社員に対する姿勢だった。「人の上に立つには人を踏みつけて立つのでなく、人の支える手に乗って立つのだと、幸之助さんから本を通じて教えられた。私には1に社員、2に社員、3、4がなくて5に社員という哲学があるが、これは幸之助さんから学んだことだ」と振り返る。

12歳で働き始めた梅原氏自身、創業までに働いてきた町工場では、社員が大切に扱われない場面をたくさん見てきた。父や兄の下で働いたこともあったが、「社員を道具だと思っているのではないか」という場面がやはりあった。それだけに「自分が会社をつくったら社員を大切にしよう。社員を粗末に扱うような、裸の王様になってはいけない」という思いがあった。その分、幸之助氏の考えは実感を持って伝わった。

ただ、創業したばかりの頃は「自分でも入社したくないと思うほど、働く条件が整っていない」状況だった。このため、社員の定着率は低かった。当時は「朝出社したら、社員が誰も来なかった」という夢を数えきれないくらい見た。同じ夢は上場してからも、さらに第一線を退いた現在も見ることがあるという。そのたびに「夢でよかった」と思ってきた。それほど社員との関係が、梅原氏はいつも気になった。そして、だからこそ、「人の上に立つには人を踏みつけて立つのでなく、人の支える手に乗って立つ」という幸之助氏の考えを思い出し、かみしめてきた。「立場が上になると部下を押さえつけて立つ人がいるけれど、あれは間違いだとずっと思ってきた」と話す。

社長時代の梅原氏は毎年、新年最初のあいさつでは、社員を前に決まって「今年も皆さんが定年まで安心して働けるような会社づくりを目指しますから、よろしくお願いします」

とだけ伝えた。頑張ってくれる社員にそれだけ報いたいと思っていた。

社員を何とか育てようと必死になり、「口うるさいくらいにいろいろなことを伝えた」と梅原氏は笑う。社員に繰り返したのが「お客さんのために仕事をしろ」という言葉だ。梅原氏は顧客のために働くことが、やがて社員自身のためになる、とずっと信じてきた。時には顔色を変えて怒ったこともあるが、細かな気配りは忘れなかった。例えば、休みの前日、社員に強く言った場合、社員は休みの日もそのときの気持ちを引きずりかねない。それではゆっくり休めないため、休み前の社員には厳しい言い方をしないことをずっと心掛けてきた。

一度だけ、休みの前日にもかかわらず、ある社員に「言い過ぎた」ことがある。社員が帰った後、梅原氏は「しまった」と思った。「これでは立ち直れない」と思うと、たまらない気持ちになった。そこで、社員の自宅まで自ら謝りに行った。社員はとても驚いていた。その夜は一緒に社員と街に繰り出した。

事業は自動旋盤用の工具であるカムからスタート。しかし、カムの将来の動向に次第に陰りが見えてきたため、別の工具であるコレットチャックに主力事業を移した。意識したのは、売上高を無理に追うのではなく、利益を重視すること。「利益が出ていない会社は世の中に必要とされていない会社。利益へのこだわりも幸之助さんから学んだ」と梅原氏は話す。著名な経営学者の本も読んだことはあるが、「自分にとってはまったくピンとこなかった」という。

会社が成長すると社員は次第に定着するようになり、結果、当初は夢物語にしか思えなかった「社員が定年まで働き続ける」会社づくりが少しずつ進んだ。そして、「社員に定年までに〝ローン返済が終わった家〟を持ってもらう」という目標も、多くの社員が実現した。「社員の中には、私を『おっかない』と思った人もいたかもしれない。それでも、多くの社員は何十年も勤めてくれたし、そんなに悪い経営者ではなかったのではないか」と思っている。

幸之助氏の著書を何十年も愛読してきただけに後年、幸之助氏が立ち上げたPHP研究所の講演会に講師として呼ばれたときには、とても感慨深かった。「幸之助さんといえども、完璧な人間ではなかったかもしれないが、本を通じて本当にいろいろなことを学び、そして本を通して支えてもらった。その言葉からは、もっと生々しい商人の生きざまも読み取る必要があるのではないか、とも思う」。長い経営者人生を続けた梅原氏は、こうしみじみと話す。

中国の古典を読む理由

創業者として会社をけん引し続けた梅原氏は現役時代、「ずっと緊張状態」にあり、なかなか落ち着いた時間を持てなかった。そんな梅原氏が東洋思想についての本を読むようになったのは、ある大手メーカーの幹部が「気持ちにでこぼこしたところがあるようだから、読んでみたほうがいい」とアドバイスしてくれたことがきっかけだった。

「何の本を読んでいいのか分からない」と言うと、梅原氏よりもずっと年上の、このメーカー幹部は、中国の古典をいくつも紹介してくれた。小学校を卒業して働き始めた梅原氏にとって「学問上の恩師と呼べる人がいないが、さまざまなことを教えてくれた心の師と呼べる人だった」と話す。

それまで中国の古典とは無縁だったため、当初は半信半疑のところもあったが、「長く読み続けられている以上、それだけのことが書いてあるのかもしれない」と思って読み始めた。元の文章を読むだけでは、なかなか真意を理解できない気がしたため、解説書も併せて少しずつ読んできた。

いろいろな古典を読んでいるが、特に印象に残っているのが、中国・戦国時代の思想家、韓非による『韓非子』、明代末期に洪自誠が著した『菜根譚』であり、この2冊は繰り返し読んできた。

梅原氏によると、『韓非子』を人の心を外から、『菜根譚』を人の心を中から見る本だという。「それだけに両方を読むとバランスが取れる。私の経験では『菜根譚』を読んでから『韓非子』を読むのがよいと思う」と語る。

漢学者、諸橋轍次氏による大著『中国古典名言事典』は、毎晩数ページずつ、時間をかけて読み続けた。

同書は中国の古典の中から名言を選び、分かりやすく解説している。「いろいろなことが書いてあるが、分かったのは、人は私利私欲で動かないこと。経営とはやはり人だから、経営者は東洋思想から学ぶところは大きいはずだ」と梅原氏は強調する。気になる名言はたくさんあり、これまでに4回繰り返し読んでいる。

「古典を読むことを通じて、少しは穏やかな気持ちになったのではないか」と梅原氏は話す。それまでは社員のミスに気付くとすぐにかっとなることもあったが、「一拍置いてから」考えられるようになった。

現役時代、多忙な梅原氏にとって本を読む時間は、早朝しかなかった。心を落ち着かせるために朝は琴の演奏もしており、琴は30年ほど続けて名取の上の「教授」の資格を持つほどの腕前だ。毎朝3時、4時から本を1、2時間読み、午前7時になると1時間ほど琴を奏で、それから出社していた。

「本を通して別の世界に行くこともできる」

若い頃には経営に関係する本を読むことが多かったが、次第に読書の幅は広がった。梅原氏が自宅に設けた書斎には多様な本がある。小説もよく読むし、漫画を読むこともある。司馬遼太郎氏の『街道をゆく』シリーズは全巻を同時に購入して一気に読んだ。五木寛之氏の『百寺巡礼』シリーズの場合、読むだけでなく、忙しい合間をぬって妻と車で実際に寺を回り続け、ほとんどの寺を実際に訪問してきた。「いろいろ読んだほうがいい」と梅原氏は話す。

長い経営者人生の中では、悩みを抱えることもしばしばあった。いろいろなことを考えるあまり、眠れなくなったこともあれば、うつ状態になったこともあった。それだけに「経営者には、やはり心の栄養があったほうがいい。本ほど安くて心の栄養になるものはない」と梅原氏は話す。

独立するまでに働いてきた町工場はいずれも同族経営だった。経営者らが公私混同する場面を何度も見ており、そんな様子には違和感があった。また、経営者の仕事のたいへんさは、早くから感じてきた。このためエーワン精密を立ち上げたときから「将来、同族企業にしない」ことは決めていた。その通りに準備を進め、非ファミリーに会社を引き継ぐと、事業から完全に離れた。

今も若い経営者らと会うことがあれば、本を読むことを勧めている。「本を通して江戸時代の人にも会えるし、別の世界に行くこともできる。経営に直接関係のない本ならば、損だ得だといった世界から離れられるから、いろいろ読んだほうがいい」と、梅原氏は明るい口調で話す。

梅原氏の「教科書」

『私の行き方考え方』など松下幸之助氏の著書

実業之日本社

「学校を出なくても成功できる、という勇気をもらった」(梅原氏)。
写真は梅原氏が読んできたバージョン

『菜根譚』

洪自誠著
徳間書店

『韓非子』

韓非著
徳間書店

「両方を読むとバランスが取れる。
『菜根譚』を読んでから『韓非子』を読むのがよいと思う」(梅原氏)

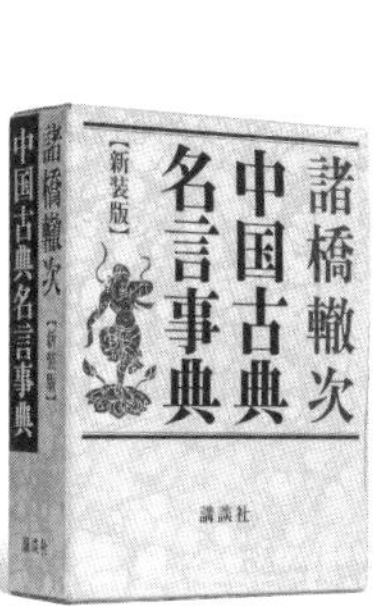

『中国古典名言事典』

諸橋轍次著
講談社

中国の古典から名言を選び解説
「毎晩数ページずつ、
時間をかけて読み続けた」(梅原氏)

ジャパネットたかた創業者

高田 明氏

20年以上学んできた「人生の書」これからも読み続ける

ジャパネットたかたの創業者、髙田明氏は長崎・佐世保の1店のカメラ店からスタート後、テレビやラジオの通販番組などに進出。一代で全国にビジネスを展開する会社をつくった。髙田氏は本を通じて経営者としての在り方を考え続けてきた。「自分のモチベーションを上げる本をよく読む」と話す。

Profile

写真=菅 敏一

1948年生まれ。大阪経済大学経済学部卒。機械メーカーを経て、父のカメラ店へ。86年にたかた設立。99年にジャパネットたかたに社名変更。2015年退任。A and Live設立

髙田氏は多くの本を読むのではなく、「これは」と思った本を自分の経験と重ね合わせ精読することが多い。「1回読んだだけでは残らない」ため、繰り返し読む。読むたび心に残った記述に線やマーカーを引き、本がぼろぼろになることもある。

愛読書の1冊がイスラエルのエリヤフ・ゴールドラット氏の著書、『ザ・ゴール』だ。同書はゴールドラット氏の提唱する「制約理論（セオリー・オブ・コンストレイント、TOC）」に基づき、課題を見つけ、正しい順序で改善するプロセスをストーリー形式で記し、世界で1000万部以上の大ベストセラーとなっている。髙田氏は通販事業に進出して10年ほどが経過した50歳を過ぎてから同書と出合った。それから20年以上過ぎたが、「今もこの本から学び続けている」と話す。

特に共感するのが、「ボトルネック（作業や事業の目的を達成する際の障害となり得る部分のこと）」についての考え方だ。同書では、赤字続きで3カ月後に工場閉鎖が迫る中、主人公が業務改善に社員とともに挑み、工場を再建するまでの過程が描かれている。課題を解決するためにはボトルネックだけを見ればいいのではない。社内のさまざまな部門が関係しており、全体を見て最適化する必要がある。そしてその分、コミュニケーションしながら課題解決に取り組まなければならない。

「木を見て森を見ずではダメで、問題の本質を捉えなければ課題は解決しない。通販で言えば、ボトルネックの究明が足りていないものは売れない。同書に書かれていることは、私がそれまでしてきたこととぴたりと重なり合っていると感じた」と髙田氏は話す。

ジャパネットたかたの社長時代、髙田氏は経営者としてさまざまな決断をするだけでなく、テレビショッピングに自ら出演してMC（司会）として最前線に立った。テレビショッピングの場合、紹介した商品があまり売れないこともあった。成果が上がらないと「番組制作に課題があり、ここにボトルネックがある」と捉えがちになるが、話はそれほど単純ではない。問題を洗い出し、ボトルネックを探し続けていると、制作現場だけでなく、商品を探してくるバイヤー、販売後のコールセンターの品質などにも課題があることが分かってくる。MCの伝える力だけでは解決できない課題が多く、社員と一緒になって取り組んできた。「うまくいかない現状を受け入れ、ボトルネックをずっと探し続けた。それはいわば、『ボトルネックを探す旅』だった」と髙田氏は振り返る。やがて同じ価値観の仲間が集まるようになり、ジャパネットたかたの成長を支えた。

組織は大きくなればなるほど難しい課題が増えてくる。そしてその分、どこに問題や弱点があるのかを見極めることが重要になってくる。そのためには目の前にあることを一生懸命やることで全体が見えてくる、と髙田氏は言う。

今という瞬間を一途に一生懸命に生きる。そこでは何かした「つもり」になってはならない。ボトルネックからスタートして、全力で今すべきことに取り組み続けなければならない。大変なことばかりに見えるかもしれない。しかし、ボトルネックを探す旅を続けていくと、それはピンチをチャンスに変えるエネルギーになる――。こうしたことを髙田氏はこれまでの経験から学んできた。

ボトルネックの考え方は企業だけでなく、社会の課題や家庭内にも生

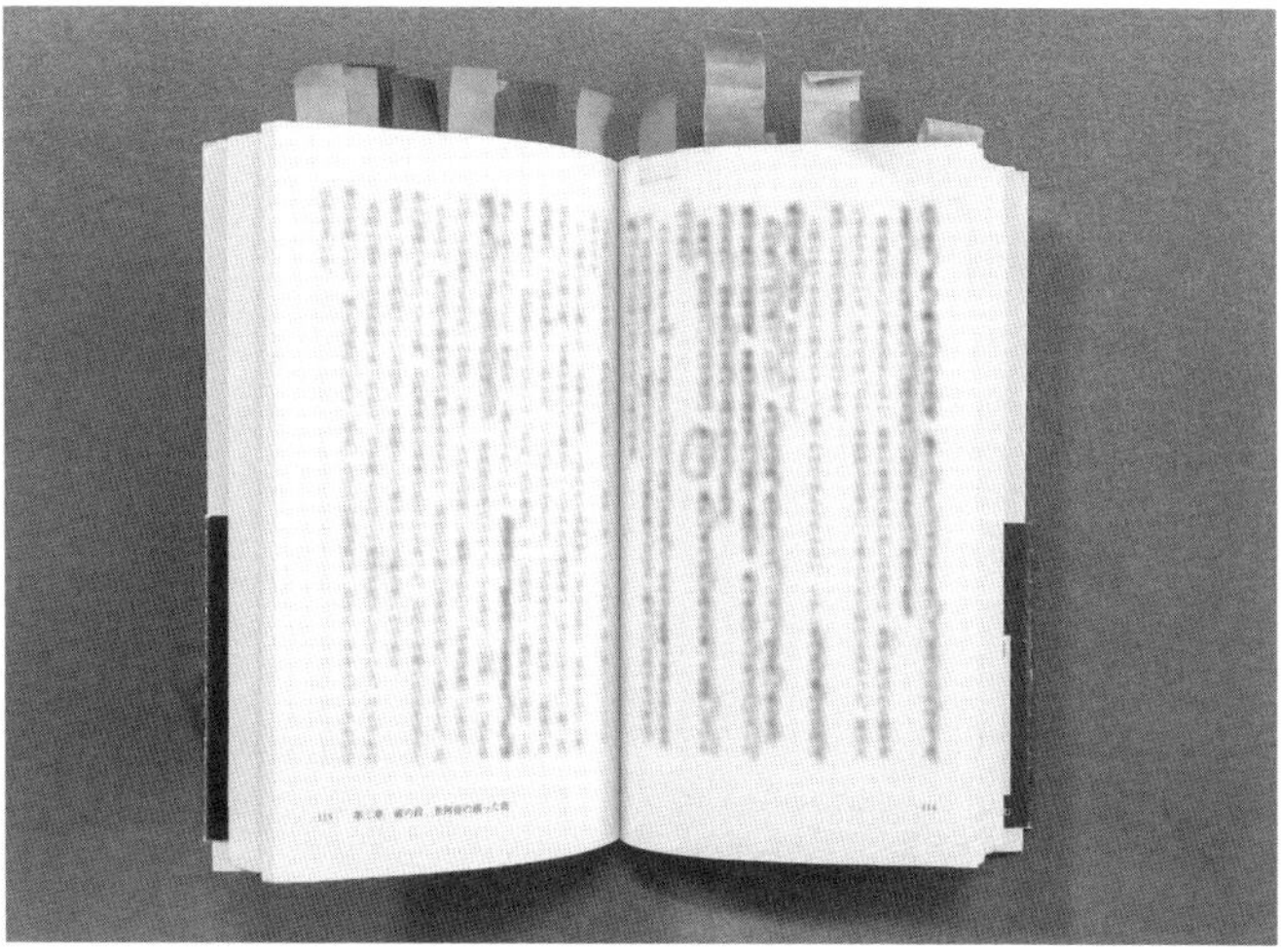

髙田氏の『ザ・ゴール』はマーカーや付箋がいくつも付けられている
（写真＝菅 敏一）

かすことができる。「成長するには苦しさもあるが、楽しさもあるし喜びもある。私はボトルネックを探す旅が人生そのものだと思っている。その意味で人生の書だと捉えている」と髙田氏は話す。

ゴールドラット氏の著書について髙田氏は『ザ・ゴール』だけでなく、『ザ・ゴール2』『ザ・チョイス』『ザ・クリスタルボール』『チェンジ・ザ・ルール！』『クリティカルチェーン』も読んでいる。例えば、『ザ・チョイス』の場合、物事を複雑に考え過ぎずシンプルに考えることも大事であると語られている、という。「どの本もコストに縛られるなといったところがずっとつながっており、考え方にすごく共感できる」と話す。TOCを継承するゴールドラットジャパンのイベントで講演したこともあり、ゴールドラット氏の考えをより多くの人に知ってもらいたいと考えている。

読後、「人生の指導書、参考書に値する」と記した本

〝伝説の外資トップ〟といわれた新将命氏の著書『経営の教科書』も、髙田氏の愛読書となっている。新氏は経営のプロフェッショナルとして複数のグローバルエクセレントカン

パニーで社長職、副社長職を歴任。髙田氏はもともと友人を介して新氏と知り合い、新氏がジャパネットたかたの役職者向けの研修のために、長崎県佐世保市の本社を訪れたこともある。

髙田氏が同書を初めて読んだのは2013年だった。当時、ジャパネットたかたの社長を務めており、米国のグアムへの社員旅行中に読んだ。経営に必要なトップの考え方が詳細かつ具体的に書かれていることに感激。読み終わると、本の裏に「今まで私が考えてきた内容を記しており、感動の一言。今でもできてないことが多々あり、今後の人生の指導書、参考書に値する書物でした、感謝」と記した。

特に心に残っているのが「不易流行」の不易（変わらないこと）についてだ。流行は消えていき、最終的には不易に吸収されていく、と髙田氏はずっと考えてきた。本書に書かれているのは、変わることのない経営の原理原則であり、髙田氏は「人が最も求めるのはやはり不易の部分だと思う」と話す。

新氏が亡くなってから、髙田氏は新氏の自宅を訪れた。書斎には洋書も含めて膨大な蔵書があり、新氏が自分の考えを一人でも多くの人に伝えようと本気で取り組んでいたことを目の当たりにし、「書斎に立っているだけで涙が出るくらい感動した」と話す。

絶体絶命の危機を切り抜けた経験に基づく経営哲学

高田氏は読んだ本を自分の経験に引き付け、じっくり考えながら読むことが多い。米シリコンバレーにあるベンチャーキャピタル、アンドリーセン・ホロウィッツの共同創業者、ベン・ホロウィッツ氏の『HARD THINGS』もそんな1冊だ。同書で示される事例をひもとくことが採用の在り方などについて考えるきっかけになった。

ホロウィッツ氏がこれまで幹部の採用で学んできたのは「弱点のなさではなく、長所で選ぶべきだ」ということだという。例えば同書には、競争力を高めるためにセールス部門のリーダーとなる幹部社員を採用する場面が出てくる。ホロウィッツ氏はこの人物がセールスの仕事に熟達している「天才」であることに気付いた。しかし、周囲はこの人物を「知名度のない大学の出身」「人を不快にさせる」「セールスのトップらしく見えない」と捉えており、採用に乗り気でない空気が強かった。「文化的適合性がまったくありません」という見方まであった。それでもホロウィッツ氏は「平和な時代には、適合性、長期にわたる文化的影響、人の気持ちなどを気遣う時間がある」が、「戦うときには」そうではないと説き、採用を強く求めた。その結果、この人物は採用となり、その決断が企業の成長にとってターニングポイントになった。

髙田氏にとって同書の読書体験は「採用がどうあるべきか」を改めて考えるきっかけになった。社長時代、最終選考に関わる時期が長かった髙田氏は「採用については理念や文化を共有できる人間性こそが大切だ」と考えてきた。ただ、専門性の高い分野のキャリア採用の場合には積み重ねてきたプロフェッショナルとしての経験も欠かせない。

事業が成長する中、ジャパネットたかたでは専門性の高い分野のキャリア採用が増加。同書を読んだ髙田氏は「キャリア採用に当たっては面接官の役割をしっかり考えるべきだ」と知ったという。例えばテレビの通販番組を自社で制作するために、ジャパネットたかたでは撮影の担当者のキャリア採用も進めてきた。撮影の担当者の場合、必要な経験やスキルがなければ現場で活躍できないので、現場の仕事を知り尽くした社員が面接官となり、「どんなことにこれまで取り組んできたか」「どのような技術があるか」を具体的に細部まで見る必要がある。

髙田氏は同書について「絶体絶命の危機を切り抜けた経験に基づく経営哲学が描かれている。採用だけでなく教育についても参考になる面が多いと思う」と話す。

600年の時を超え、本を通じて世阿弥に出会う

ジャパネットの経営を15年に息子の旭人氏に引き継いだ髙田氏は、それ以降、経営には一切関わっていない。一方で通販番組のMCを通して「どうしたら伝わるのか」に取り組んできた髙田氏は、自分の考えてきたことを制作の現場に伝えたい思いを持つ。このため、気付いたことがあれば、現場の社員にアドバイスしてきた。

武蔵野大学名誉教授を務めた増田正造氏は能の世阿弥を研究し、『世阿弥の世界』を記している。同書を通じて世阿弥について知った髙田氏は「おこがましいが、自分がそれまで感じてきたことと重なるところがいくつもあると思った」と話す。

例えば、世阿弥が残した言葉に「動十分心、動七分身」がある。心の動きは常に100%に保ちつつ、体は100%の動きを稽古する。その上でいざ舞台に立つときは70%にとどめる。稽古した上であえて30%を演じないことによって、そこに無限の余白としての効果が生まれる。

髙田氏は通販番組のMCとして同じようなことを考えてきた。商品に関する知識を全力

でインプットしたからといって、そこで得た100%を語るのではなく、70%を語る。そして語らなかった30%が顧客とのコミュニケーションで非常に大切な部分になると捉えている。現場の経験からたどり着いた自分の考え方が600年前の世阿弥と重なり合うことが、とても感慨深かった。

同書をきっかけに知った世阿弥の発想は、髙田氏の経験に合致することが少なくないという。例えば、世阿弥の「序破急」は導入部、展開部、集結部という話の構成の仕方であり「離見の見」とはさまざまな観客の目の位置に自分の心の目を置いて見ることを指す。「序破急」の考え方も「離見の見」も、髙田氏にとって通販番組のMCとして意識してきたことと同じだった。髙田氏は同書を繰り返し読んでおり、世阿弥について自らの考えを記した『髙田明と読む世阿弥　昨日の自分を超えていく』も出版。このときには増田氏に監修を務めてもらった。増田氏とは世阿弥を巡って対談も行った。600年の時を超え、本を通じて世阿弥と出会った髙田氏は「努力しないで伝えられる天才はいない。伝えるには一生懸命努力し続けることだ」と話す。「どうしたら伝わるのか」をこれからも後進に伝える。

紹介した本の著者のうち、増田氏、新氏は22年に急逝している。髙田氏は「増田先生、新先生に謹んで哀悼の意を表する」と話す。

髙田氏の「教科書」

『ザ・ゴール』

エリヤフ・ゴールドラット著

ダイヤモンド社

「制約理論」に基づき、
課題の発見から改善までを
ストーリーで分かりやすく示す

『経営の教科書』

新 将命著

ダイヤモンド社

経営の要諦を
「社長が押さえておくべき30の基礎科目」
として解説

『HARD THINGS』

ベン・ホロウィッツ著

日経BP

米シリコンバレーの
スター経営者に慕われる著者が
実体験を通して得た教訓を示す

『世阿弥の世界』

増田正造著

集英社

能の研究家による
世阿弥の世界についての入門書

神戸大学名誉教授
加護野忠男氏

ビジネスパーソンは経営学の基本を学ぶべきだ

Profile

1947年生まれ。神戸大学教授などを経て現職。専門は経営組織・経営戦略論。著書に『松下幸之助に学ぶ経営学』など多数
（写真＝尾苗 清）

私の考えではそもそも経営学という概念は日本独自のものです。米国にはありません。ドイツには経営経済学という概念がありますが、経営学という名称はありません。

経営学を役立てるかどうかは実務家の姿勢と能力によります。「経営の神様」といわれたパナソニックホールディングス創業者の松下幸之助氏は、日本の経営学の創始者、神戸大学の平井泰太郎教授とコンスタントに接触し、情報交換をされていました。経営学との付き合い方において例えば、松下幸之助氏、ホンダの本田宗一郎氏、ダイエーの中内㓛氏の3氏に共通するのは、仕事を始めてから学校へ通って基礎的な勉強をされたことです。中内氏は、神戸・三宮の闇市で仕事をしながら、神戸大学経営学部の夜間課程で勉強されました。学徒動員で戦場から帰ってきた人々に経営学教育をする目的で設立された課程です。中内氏が亡くなる直前に、経営学の授業で役立ったのは何ですかと聞きましたら、平井教授の授業ではなく、教養科目の日本国憲法だとおっしゃいました。これからの日本がどうなるかが分かったからだ、と言われていました。新しい憲法には日本社会の将来設計の思想が組み込まれていたからです。

経営学は学問として正しい知識を求めますので、はやりの考え方や実践が正しいかどうかを常に検証しています。例えば過労死は、仕事の強制やパワハラの結果として起こるという常識がありますが、この常識は正しいとは限りません。私自身は2000年10月、米シリコンバレーでの会議に出席するため滞在していたスタンフォード大学近くのホテルで脳出血を起こしました。当時は忙しい生活をしており、このときも英国の調査から直接シリコンバレーへ移動していました。結果的に命は助かりましたが、もしそのまま死んでいたら過労死といわれたかもしれません。その頃を振り返ってみると、仕事が楽しかったのです。だから働き過ぎになったのです。私自身は、面白くて仕事に打ち込んでいる人の働き過ぎを防ぐためには何をすべきかについて研究をしています。私のように自ら進んで働き過ぎる人もいるのでパワハラをやめれば過労死が防げるというわけではありません。

実務家が読むべき本として3冊を挙げます。1冊は『松下幸之助に学んだ実践経営学』で、著者は松下幸之助氏に直接学んだ人物です。この本がいいと思うのは、経営にはこれだけの知識が必要、といった内容を技術者出身の立場で書いていることです。当時気付いていなかったことのプラス面、マイナス面も含め経験に裏打ちされた説得力があり、経営の深さや考え方を理解するのによいと思います。私が解説を書いています。また、基本を徹底的に学ぶことはどんな分野でも大切です。その意味で私が関わった教科書『ゼミナール経営学入門』『1からの経営学』を挙げます。応用を学ぶことも確かに役立ちますが、それだけではそこから応用できる範囲が限られます。若いビジネスパーソンにはまず、基本を勉強してほしいと思います。経験のあるビジネスパーソンも、世の中は変化しているからこそ基本を勉強し直すことは大切です。（談）

加護野氏が薦める本

『松下幸之助に学んだ実践経営学』

小川守正著

PHP研究所

具体的な経験を踏まえ、技術者出身の
立場から経営に何が必要かを示す

『ゼミナール経営学入門』

伊丹敬之、加護野忠男著

日本経済新聞出版

30年以上にわたって、
読み継がれてきた経営学のテキスト。
2022年、新装版に

『1からの経営学』

加護野忠男、吉村典久編著

碩学舎

トピックスやケースを示しながら
スタンダードな理論体系を解説する

本書に登場する76冊のブックリスト

番号	書名	著者	出版社	推薦者
1	社員の力で最高のチームをつくる――〈新版〉1分間エンパワーメント	ケン・ブランチャードら	ダイヤモンド社	星野リゾート星野氏 スノーピーク山井氏
2	ブランド・ポートフォリオ戦略	デービッド・アーカー	ダイヤモンド社	星野リゾート星野氏
3	ブランド・アーキタイプ戦略	マーガレット・マークら	実務教育出版	星野リゾート星野氏
4	予想どおりに不合理	ダン・アリエリー	早川書房	星野リゾート星野氏
5	選択の科学	シーナ・アイエンガー	文藝春秋	星野リゾート星野氏
6	ブランド・ストレッチ	デビッド・テイラー	英治出版	星野リゾート星野氏
7	世界標準の経営理論	入山章栄	ダイヤモンド社	ワークマン土屋氏 早大入山氏
8	経営改革大全	名和高司	日本経済新聞出版	ワークマン土屋氏
9	ストーリーとしての競争戦略	楠木 建	東洋経済新報社	ワークマン土屋氏
10	逆・タイムマシン経営論	楠木 建、杉浦 泰	日経BP	ワークマン土屋氏
11	起業家のように企業で働く 令和版	小杉俊哉	クロスメディア・パブリッシング	ワークマン土屋氏
12	新世代のビジネスはスマホの中から生まれる	天野 彬	世界文化社	ワークマン土屋氏

13	競争の戦略	マイケル・ポーター	ダイヤモンド社	エレコム葉田氏、カスタムジャパン村井氏
14	ストラテジック・イノベーション	ビジャイ・ゴビンダラジャンら	翔泳社	エレコム葉田氏
15	イノベーション創造戦略	ビジャイ・ゴビンダラジャン	ダイヤモンド社	エレコム葉田氏
16	予測不能の時代	矢野和男	草思社	ユーグレナ出雲氏
17	未来実現マーケティング	神田昌典	PHP研究所	ユーグレナ出雲氏
18	最高の戦略教科書 孫子	守屋 淳	日本経済新聞出版	ユーグレナ出雲氏
19	ムハマド・ユヌス自伝	ムハマド・ユヌスら	早川書房	ユーグレナ出雲氏
20	プロセスエコノミー	尾原和啓	幻冬舎	早大入山氏
21	LISTEN	ケイト・マーフィ	日経BP	早大入山氏
22	両利きの経営	チャールズ・オライリーら	東洋経済新報社	早大入山氏
23	A Primer in Data Reduction	A.S.C. Ehrenberg	WILEY	刀森岡氏（著者の論文を読む）
24	ブランディングの科学	バイロン・シャープ	朝日新聞出版	刀森岡氏（著者の論文を読む）一橋大沼上氏
25	確率思考の戦略論	森岡 毅、今西聖貴	角川書店	刀森岡氏

26	明日を支配するもの	ピーター・ドラッカー	ダイヤモンド社	日本交通川鍋氏
27	稲盛和夫の実学——経営と会計	稲盛和夫	日本経済新聞出版	日本交通川鍋氏
28	好き嫌いで人事	松井道夫	日本実業出版社	中川政七商店中川氏
29	エモーショナル・プログラムバイブル	坂井直樹ら	英治出版	中川政七商店中川氏
30	ザ・ゴール	エリヤフ・ゴールドラット	ダイヤモンド社	中川政七商店中川氏、ジャパネットたかた髙田氏
31	チェンジ・リーダーの条件	ピーター・ドラッカー	ダイヤモンド社	スノーピーク山井氏※
32	人間の条件	ハンナ・アレント	筑摩書房	アステナホールディングス岩城氏
33	対訳 武士道	新渡戸稲造	朝日新聞出版	アステナホールディングス岩城氏
34	儒教とは何か 増補版	加地伸行	中央公論新社	アステナホールディングス岩城氏
35	都鄙問答	石田梅岩	中央公論新社	アステナホールディングス岩城氏
36	イノベーションのジレンマ	クレイトン・クリステンセン	翔泳社	一橋大沼上氏
37	一橋MBA戦略ケースブック	沼上 幹ら	東洋経済新報社	一橋大沼上氏
38	ビジョナリーカンパニー	ジム・コリンズら	日経BP	エコノミクスデザイン今井氏

※＝同書を含むドラッカー氏関連全般

39	金持ち父さん　貧乏父さん	ロバート・キヨサキ	筑摩書房	エコノミクスデザイン今井氏
40	FACTFULNESS（ファクトフルネス）	ハンス・ロスリングら	日経BP	エコノミクスデザイン今井氏
41	金融工学者　フィッシャー・ブラック	ペリー・メーリング	日経BP	エコノミクスデザイン坂井氏
42	NFTの教科書	天羽健介、増田雅史編著	朝日新聞出版	エコノミクスデザイン坂井氏
43	人はなぜ集団になると怠けるのか	釘原直樹	中央公論新社	エコノミクスデザイン坂井氏
44	ザ・会社改造	三枝 匡	日本経済新聞出版	I-ne大西氏
45	企業成長の"フシ"をどう乗り切るか	ラリー・グレイナー	ダイヤモンド ハーバード・ビジネス・ライブラリー※	I-ne大西氏
46	最高の結果を出すKPIマネジメント	中尾隆一郎	フォレスト出版	I-ne大西氏
47	地球の未来のため僕が決断したこと	ビル・ゲイツ	早川書房	I-ne大西氏
48	ドローダウン	ポール・ホーケン	山と溪谷社	I-ne大西氏
49	直感と論理をつなぐ思考法	佐宗邦威	ダイヤモンド社	I-ne藤岡氏
50	イノベーションの普及	エベレット・ロジャーズ	翔泳社	I-ne今井氏
51	私は三年間老人だった	パット・ムーア	朝日出版社	I-ne今井氏

※＝ハーバード・ビジネス・レビュー誌に掲載された論文を記事単位で印刷・製本するサービス

52	セレンディップの三人の王子たち	竹内慶夫編訳	偕成社	I-ne今井氏
53	WHYから始めよ！	サイモン・シネック	日本経済新聞出版	I-ne今井氏
54	ブランド・エクイティ戦略	デービッド・アーカー	ダイヤモンド社	カブクスタイル砂田氏
55	INSPIRED	マーティ・ケイガン	日本能率協会マネジメントセンター	カブクスタイル砂田氏
56	EMPOWERED	マーティ・ケイガンら	日本能率協会マネジメントセンター	カブクスタイル砂田氏
57	21世紀の貨幣論	フェリックス・マーティン	東洋経済新報社	カブクスタイル砂田氏
58	ポーター教授『競争の戦略』入門	グローバルタスクフォース	総合法令出版	カスタムジャパン村井氏
59	〔エッセンシャル版〕マイケル・ポーターの競争戦略	ジョアン・マグレッタ	早川書房	カスタムジャパン村井氏
60	知性を磨く	田坂広志	光文社	カスタムジャパン村井氏
61	早く正しく決める技術	出口治明	日本実業出版社	カスタムジャパン村井氏
62	生産性	伊賀泰代	ダイヤモンド社	カスタムジャパン村井氏
63	真説「陽明学」入門	林田明大	三五館	グロービス堀氏
64	代表的日本人	内村鑑三	岩波書店	グロービス堀氏

65	創造と変革の技法	堀 義人	東洋経済新報社	グロービス堀氏
66	コトラー＆ケラー＆チェルネフ マーケティング・マネジメント	フィリップ・コトラーら	丸善出版	YKK吉田氏
67	私の行き方考え方 など	松下幸之助	実業之日本社	エーワン精密梅原氏
68	菜根譚	洪自誠	徳間書店	エーワン精密梅原氏
69	韓非子	韓非	徳間書店	エーワン精密梅原氏
70	中国古典名言事典	諸橋轍次	講談社	エーワン精密梅原氏
71	経営の教科書	新 将命	ダイヤモンド社	ジャパネットたかた髙田氏
72	HARD THINGS	ベン・ホロウィッツ	日経BP	ジャパネットたかた髙田氏
73	世阿弥の世界	増田正造	集英社	ジャパネットたかた髙田氏
74	松下幸之助に学んだ実践経営学	小川守正	PHP研究所	神戸大加護野氏
75	ゼミナール経営学入門	伊丹敬之、加護野忠男	日本経済新聞出版	神戸大加護野氏
76	1からの経営学	加護野忠男、吉村典久編著	碩学舎	神戸大加護野氏

中沢康彦
なかざわ・やすひこ
日経ビジネス シニアエディター

1966年新潟市生まれ。慶応義塾大学経済学部卒業。毎日新聞社記者を経て日経BPに入社。「日経ビジネス」記者、「日経トップリーダー」副編集長、日本経済新聞社編集局企業報道部シニア・エディターなどを経て現職。

教科書経営
本が会社を強くする

2023年4月3日　第1版第1刷発行

著　者	中沢康彦
発行者	北方雅人
発　行	株式会社日経BP
発　売	株式会社日経BPマーケティング
	〒105-8308 東京都港区虎ノ門4-3-12
装丁・本文デザイン・DTP	前田象平
校　正	真辺 真
印刷・製本	図書印刷

ISBN978-4-296-20184-6

本書籍に関するお問い合わせ、ご連絡は下記にて承ります。
https://nkbp.jp/booksQA